## Das Buch

In seiner Buchbesprechung beschreibt Norbert Cencig, Rezensent der Wiener Zeitschrift ›Literatur und Kritik‹, wie sein vierzehnjähriger Sohn bei der Lektüre von Weigels Buch immer wieder laut gelacht habe, und fährt fort: »Man überlege: Ein Buch, das den schamlosen Mißbrauch von Fremdwörtern aufzeigt, die Lächerlichkeit vieler bildlicher Ausdrücke bloßlegt, die Umständlichkeit nominaler Ausdrucksweise darlegt, die Zwiespältigkeit gewollter Kleinschreibung nachweist – all dies und vieles mehr in Form und Aufbau eines alphabetisch angeordneten Nachschlagewerkes verarbeitet – ein solches Buch schenkt einem vierzehnjährigen Gymnasiasten vergnügtes Lachen, es unterhält ihn, im klassischen Sinne des Wortes, denn er delektierte sich an der Lektüre (wie hieß es im alten liber latinus: delecto, -are = erfreuen, ergötzen, erquicken, unterhalten). Kann man sich eine bessere Empfehlung für das Buch vorstellen? Der Vater darf berichten, daß auch er während des Lesens geschmunzelt, gelächelt, gelacht, sich ergötzt und das Buch zuletzt, geistig erquickt, zugeklappt hat. Nachdenklich ist er erst nachher geworden. Wie konnte es geschehen, daß unsere Sprache so selbstverständlich unbeachtet zu einer derartig bedrückenden Ansammlung von Worthülsen werden konnte? In einer gescheiten Vorrede versucht Hans Weigel eine Erklärung; man lese sie, um den ursächlichen Zusammenhang von Zeit, Zeitgeist, Zeitgeistformen und -deutern zu begreifen und zu erkennen, in welch erschreckendem Maße wir uns von den Anbetern des Fortschritts um seiner selbst willen lenken lassen – mehr oder minder hilflose Marionetten an den Fäden von Sprachmördern.« Dem ist nichts hinzuzufügen.

## Der Autor

Hans Weigel wurde 1908 in Wien geboren und ist seit 1932 hauptberuflich freier Schriftsteller. Von 1938 bis 1945 lebte er in der Schweiz, vorher und nachher in Wien. Bis 1962 war er Theaterkritiker, gab die Anthologie ›Stimmen der Gegenwart‹ heraus, bearbeitet seit 1934 Komödien Nestro... für Wiener Theater, schrieb das Li... ...etzt ins Deutsche, vor allem ... er das österreichische Ehren... ...Wissenschaft.

Hans Weigel:

# Die Leiden der jungen Wörter

Ein Antiwörterbuch

Deutscher
Taschenbuch
Verlag

Von Hans Weigel
sind im Deutschen Taschenbuch Verlag erschienen:
Lern dieses Volk der Hirten kennen (363)
O du mein Österreich (488)
Karl Kraus oder Die Macht der Ohnmacht (816)
Vorschläge für den Weltuntergang (919)

1. Auflage April 1976
2. Auflage Oktober 1976: 21. bis 30. Tausend
Deutscher Taschenbuch Verlag GmbH & Co. KG,
München

ISBN 3-7608-0357-1
Umschlaggestaltung: Celestino Piatti
Gesamtherstellung: C.H. Beck'sche Buchdruckerei,
Nördlingen
Printed in Germany · ISBN 3-423-01159-9

In memoriam
Karl Kraus

# Vorrede

Dies ist ein Nachschlagewerk. Es will nach Wörtern schlagen. Dies ist ein Stichwörterbuch. Es will Wörter stechen. Wenn es sich *Antiwörterbuch* nennt, will es damit aber nicht gegen das Wörterbuch sein. Es ist ein Antiwörter-Buch, kein Anti-Wörterbuch. Hut ab vor dem Wörterbuch, Hut ab vor Duden, Hut ab vor Langenscheidt, Larousse, Webster, Schadewaldt, Hüte ab vor den Brüdern Grimm! Schlag und Stich aber gegen viele Wörter, vor allem viele junge Wörter, und dies nicht aus satanisch sadistischer Lust und ebensowenig aus Voreingenommenheit gegen Neues und Junges, sondern im Dienst an der besseren Sprache, ermächtigt und inspiriert vom Drang nach diesem Dienst, ohne anderen Auftrag und andere Legitimation für Schläge und Stiche als das Gebot geplagter, gereizter, provozierter Augen, Ohren und Nerven beim Hören und Sehen von Antiwörtern – also: durchaus subjektiv, un-, anti-, ja a-akademisch, einzig durchdrungen von eigenen Erfahrungen und Überzeugungen.

Jede Zeit sagt, daß derzeit die Sprache so gefährdet und von Zersetzung bedroht sei wie nie zuvor.
In unserer Zeit aber ist die Sprache tatsächlich so gefährdet und von Zersetzung bedroht wie nie zuvor.
Nicht die Fremdwörter sind schuld. Die Fachsprachen sind schuld, die Termini technici, die in die Sprache einsickern, und sie sind um so tückischer, je weniger fremd sie äußerlich sind. *erarbeiten* ist tückischer als *Relevanz*, weil scheinbar harmloser.
Nein, die Fachsprachen sind nicht schuld. Der Journalismus ist schuld, der geschriebene Journalismus und der gesprochene des Radios und des Fernsehens.
Nein, der Journalismus ist nicht schuld. Er ist nicht Ursache, nur Anlaß. Die Journalisten der Presse und der drahtlosen Anstalten sind nicht die Erreger, nur die Bazillenträger.

Nichts gegen die Fachausdrücke *(→ Fachausdrücke)* innerhalb der Fächer! Dort gehen sie uns nichts an. Ihre Probleme müssen Ausdrücke und Fächer untereinander lösen.

Nichts gegen glücklich geprägte Fachausdrücke, die über das Fach hinausdringen und die Sprache bereichern!

Der Psychoanalyse ist *verdrängen* gelungen, wir nehmen es ebenso dankbar auf wie wir, lange vorher, von der Finanzsprache *bankrott* aufgenommen haben.

Die neue Medizin beschrieb die Allergien. Wir übernahmen und erweiterten den Begriff, wir sind nicht nur gegen Speisen und Textilien allergisch, sondern auch gegen Tschaikowskij oder Anselm Feuerbach.

Die Autosprache gab uns *Ich hab' schnell geschaltet* als gutes Bild für Geistesgegenwart; und *hinter den Kulissen* ist man nicht nur im Theater.

Doch im Kielwasser der Bildungsinflation ist eine gigantische Fachausdruck-Schwemme, eine Inflation der Halbbildung über uns gekommen.

Was ist Halbbildung? Unbildung und Bildung kommen einander auf halbem Weg entgegen und vereinigen sich zu einem Zwitter, der die Formen der Bildung mit den Inhalten der Unbildung vereint.

Man glaubt: weil unsere Zeit so wissenschaftlich, weil sie vor allem so durch und durch vergesellschaftswissenschaftet ist, muß man auch über die Kegelpartie, über Straßenbahnfahrten, über Sitzgelegenheiten und Buttersemmeln im Jargon der Wissenschaft sprechen. Und dieser Jargon ist selbst dort fürchterlich, wo er hingehört, wo er stimmt, wo er uns nichts angeht.

Warum auch nicht?! Kann es denn anders sein?

Man teilt die Schreibenden in zwei Gruppen ein: die einen können schreiben, die anderen haben etwas zu sagen. Oft haben die Schreibenkönnenden auch etwas zu sagen, selten können die Etwaszusagenhabenden auch schreiben.

Philosophen, Historiker, Soziologen, Nationalökonomen, Psychologen und alle anderen Protagonisten der Wissenschaften, welche man derzeit trägt, genießen ja schon berechtigtes Ansehen und haben schon Seltenheitswert, wenn sie die Fächer, über welche sie reden und schreiben, beherrschen. Warum sollten sie dazu auch ihre Muttersprache beherrschen? Sie sind ja Philosophen, Historiker etcetera und nicht Deutschprofessoren. Und unter den Deutschprofessoren gibt es ja auch ... aber lassen wir das diesmal!

Daß ein Gelehrter schreibt, ist Bestandteil seiner Berufsausübung. Daß ein Gelehrter zu schreiben versteht, ist keine Voraussetzung seiner Berufsausübung und seines Rangs, sondern eine

Fleißaufgabe, wie wenn ein Feinmechaniker Bratsche spielen kann.

Einige leuchtende Ausnahmen schrieben und schreiben nicht nur in ihr, sie beherrschten und beherrschen unsere Sprache auch: Schopenhauer, Freud, Ernst Bloch, Golo Mann, Konrad Lorenz ...

Alle Gelehrten aber üben regelmäßig ihren Beruf aus, indem sie Vorlesungen und Vorträge halten, Aufsätze und Bücher veröffentlichen und dabei ihre Gedanken ständig in Worte und Sätze umsetzen und nicht nur vorliegendes Material verarbeiten, sondern eifrig junge Wörter in die Welt setzen.

Das ist nicht neu. Doch es hat stark zugenommen. Die Bildungsexplosion hat beträchtlichen Sprachschaden angerichtet. Und das Schrecklichste an der Bildungsexplosion ist nicht die ständig wachsende Zahl von Schülern und Studenten, sondern die ständig wachsende Zahl von Lehrern und Professoren.

Auch die Vermittlung von Fakten aller Art durch Journalisten aller Art hat stark zugenommen.

Journalisten haben den Ehrgeiz, auf der Höhe ihrer Zeit zu sein. Schnappen sie eine Vokabel oder eine Redensart auf, die sie nicht kennen, genieren sie sich zunächst, dann aber fügen sie sie beflissen ihrem Vokabular ein.

Der Hörer und Leser wieder neigt dazu, als Vorbild und Richtschnur zu nehmen, was er von Journalisten zu hören und zu lesen bekommt.

So kommt das junge Wort zu aller Welt.

Überdies haben noch nie so viele Leute, die etwas wissen wollten, dies von so vielen Leuten zu hören bekommen, die der Sprache nur unvollkommen mächtig waren. Und damit meine ich nicht meine Freunde von der Presse und von den drahtlosen Anstalten und nicht einmal die Gelehrten, sondern die Gepflogenheit des Rundfunks und Fernsehens, simple Zivilisten vor das Mikrophon zu holen, Gastwirte, Fahrdienstleiter, Revierinspektoren, Augenzeugen und Opfer. Und auch die kompetenten Funktionsträger, die Innungsmeister, Kammersekretäre, Gemeindesekretäre und Klubfunktionäre stehen ja, unvorbereitet vor ein Mikrophon geholt, nicht frei und locker über ihrem Satzbau; selbst Politiker und hohe Beamte befinden sich sprachlich kaum auf der Höhe ihrer Ämter. Und sie alle wollen vor dem Mikrophon gern gewählt sprechen und zeitgemäß, sie werden unnatürlich, und die Grammatik geht in die Brüche, und das Vokabular will zu hoch hinaus, und alles hat eine Struktur oder braucht eine Struktur, und alle sind zum Zug gekommen oder möchten zum Zug kommen oder zum Tragen oder in den Griff oder über die Runden. Und in den gestammelten Sätzen simpler Leute tummeln sich Oldtimer-Phrasen aus der Mottenkiste neben Jung-Kauderwelsch, alles ist eingeplant und hat Schwerpunkte und steht im Raum oder auf einem Arbeitspapier, aber es greift auch Platz und findet Ablehnung und setzt sich ins Einvernehmen und gelangt zur Durchführung. Und alles ist mäßig: ein absatzmäßiges Absinken, ein verrechnungsmäßiges Defizit, eine überschußmäßige Zunahme, ein bebauungsmäßiger Nachholbedarf, ein planungsmäßiger Engpaß, eine konjunkturmäßige Verflachung. Vor allem aber ist alles marktmäßig.

Fahrdienstleiter, Revierinspektoren und Augenzeugen geben den Ton an.

Die Journalisten sind nicht schuld, sondern ihre Gesprächspartner, die es von ihnen haben; sie aber haben es von den Professoren.

Die Fremdwörter sind nicht schuld, die Fachausdrücke sind nicht schuld, die Journalisten sind nicht schuld. Die Professoren sind schuld.

Das Deutsch der Professoren ist arg genug, das Nichtdeutschkönnen der Mehrheit ist arg genug, aber unerträglich ist eine nichtdeutschkönnende Mehrheit, die redet und spricht wie die Professoren.

Nein, die Professoren sind nicht schuld, zumindest nicht allein. Es wird gebeten, nicht auf sie zu schießen; sie tun es nicht zufleiß. Sie können nicht anders. Sie wissen nicht, was sie tun. Oft tun sie mir leid.

Aber andere könnten anders und tun es zufleiß: die Sprach-Hunnen dieses Jahrhunderts; sie wissen, was sie tun.

Was nicht von den Professoren kommt, kommt von der Sprache der Meinungsgötzen, der Umfrage-Apostel, der Konsumologen und Marketosophen, der Empfehlplaner, die alles erheben und alles wissen und alles vorhersagen, die das Gras wachsen hören und die Graswachstumsraten im voraus berechnen und viele schnittige, kesse, fabriksneue, statuskonforme junge Wörter aussprühen. Von ihrer Sprache und der Sprache ihrer Pressereferenten und Textlaboranten kommt, was nicht von den Professoren kommt.

Ich nenne sie die Markthelfer und erhebe sie in den Stand einer neuen Klasse und schätze ihre Bedeutsamkeit höher ein als die

der Professoren und der Journalisten, denn diese sind, im Prinzip, ja darauf aus, Faktisches wiederzugeben, zu beschreiben, zu deuten, und ihr Objekt ist, im Prinzip, das, worüber sie schreiben und reden. Das Objekt der Markthelfer aber sind jene, welche lesen und hören, was da geschrieben und geredet wird, und über das Faktische sind sie längst hinausgelangt. Sie kündigen an und preisen an mit Tiefenschärfe und jetzt auch mit gewebetiefer, biologisch hochaktiver Infrastruktur.
Professoren wissen, was *biologisch* ist. Journalisten wissen es oder ahnen es zumindest. Markthelfer brauchen es nicht zu wissen. Sie müssen es nur sagen.
Sie haben eine neue Sprache erfunden, eine Sprache, die noch nie gesprochen wurde, die es nicht gibt, nicht geben kann, nicht geben darf, in der wir aber angesprochen, angeflüstert, angeraunt werden: die Sprache der Werbung. Verglichen mit ihr wirkt der zuckersüßeste Kitschdialog aus seligen Hollywood-Zeiten herb und spröd wie ein Streichtrio von Max Reger.
Sie kennen den Markt mit allen seinen Tücken und Lücken, sie sind Repräsentativstapler, Querschnittlinge auf allen Suppenpulvern, Barden des Körpergeruchs und des Mundgeruchs, Psalmisten der Achselnässe. Ihre Finger drücken auf den Knopf des Bedarfs, denn ihr Ohr liegt am Herzschlag des Konsums, sie haben auch die Politik infiziert, die für Rüstungsbeschränkung und Schulreform wirbt wie für Haarspray. Die Markthelfer haben aus unserer angeblichen Neuzeit das Waschmittelalter gemacht.
Denn nicht gesteigerter Konsum ist Quell des neuzeitlichen Zivilisationsübels, wie man uns einzureden pflegt! Quell des Übels sind die Methoden und Begleiterscheinungen des Konsums!
Millionen hören und lesen eine Sprache, die es nicht gibt und die anschmiegsam und kosend und kuschelig und doch herrisch vorgibt, auf der Höhe der Zeit zu sein: eine Mischung aus Märchentante, ›Reich mir die Hand, mein Leben‹ und rororo.
Das Deutsch der Markthelfer ist arg genug, das Nichtdeutschkönnen der Mehrheit ist arg genug, aber unerträglich ist eine nichtdeutschkönnende Mehrheit, die redet und schreibt wie die Markthelfer.
Und der schrecklichste der Schrecken ist die Mehrheit unserer Zeitgenossen, die nicht Deutsch kann und die redet und schreibt, als sprächen und schrieben Professoren und Markthelfer durcheinander.

Und drum ist die Sprache in unserer Zeit so gefährdet und von Zersetzung bedroht wie nie zuvor.
Denn zuvor war man, auch wenn man nichts wollte und nichts wußte, von halbwegs intakter Sprache umgeben; der Herr Doktor, der Herr Pfarrer sprachen einigermaßen ordentlich, die Zeitungen schrieben einigermaßen ordentlich, das Amtsdeutsch war gräßlich, aber seine Gräßlichkeit will uns im Rückblick fast liebenswert erscheinen, denn das Amtsdeutsch war ein geschlossener Kosmos für sich, drängte sich nicht auf und wirkte nicht suggestiv.
Und auch die Leihbibliothek in allen Preislagen war nicht lebensgefährlich.
Die Einflüsse der Vulgär-Trivial-Sprache waren harmloser, weil reparabler, als die Einflüsse der Vulgär-Wissenschaft und der Trivial-Werbung. Man kann Courths-Mahler und Ganghofer leichter lächerlich machen und überwinden als Rektoren und Direktoren.
Ein junger Mann konnte aus der dumpfen Enge von Courths-Mahler und Ganghofer in die höheren Regionen reiner Sprache gehoben werden. Heute meint der Mensch, in die höheren Regionen gelangt zu sein, wenn er *Effizienz* und *Marktlücke* sagt.

Angesichts dieser Situation wuchs in mir der Drang, ein Antiwörterbuch zu verfassen, und die Notwehr war eine wesentliche Quelle des Drangs. Ein Autor glaubt ja: Wenn er etwas ihm übel Scheinendes in einem veröffentlichten Text entsprechend charakterisiert habe, hätte er etwas gegen dieses Übel getan.
Ich lebte weiter wie bisher, ich schrieb nur mit: Schlag- und Stichwörter aus dem Radioapparat, vom Fernsehschirm, aus Büchern, Zeitschriften, Zeitungen und Gesprächen.
Mein imaginärer Leser fragt sich vielleicht gelegentlich, vom Chaos der wuchernden jungen Wörter verwirrt: *Wie sag' ich's?*
Nicht systematisch und nicht komplett, nur alphabetisch geordnet, stehen hier, weil mein Verlag es mir gestattet, meine ganz persönlichen Antworten zu Buch: Antiwörter, Floskeln und Redensarten, Empfehlungen, Warnungen, Unterscheidungen, Reflexionen, Verhöhnungen, Verurteilungen, Vorurteile, Gerechtes und Selbstgerechtes, Gewußtes und Gemeintes bunt durcheinander, wie das Alphabet es befahl, als Versuch der Legung eines Ariadnefadens im Jargonlabyrinth, Anregungen, Ermutigungen zum Boykott der einen, zum Gebrauch der anderen

Wörter und Redensarten, zur Erkenntnis von Gut und Böse beim Graben nach dem rechten Sprachschatz, nicht bindend, nicht autoritativ, aber gut gemeint, ermutigt und inspiriert vom Dienst an der besseren Sprache.

# A

*ab demnächst? ab in nächster Zeit? ab in ferner Zukunft? ab in vierzehn Tagen? ab in Ewigkeit?*
Nein!
Warum dann **ab sofort**, statt *sofort?*

**Abkü** haben ihre Licht- und Schattensei. Man teilt die Abkü ein in *Anfangsbu-Abkü* (wie *KLM* oder *CDU-CSU* oder *B.R.D.* oder *USA* oder *km*) und in Abkü, bei denen eine Verkü sich eingebü hat *(Lok, E-Werk, U-Boot, Uni, Diss).* Diese Abkü wirken manchmal wie Kosena (zum Beispi *Pulli*), oft sind Mißver nicht auszu, etwa bei *E-Musik* und *U-Musik* (nicht *Elektro-Musik* und *Untersee-Musik,* sondern *ernste Musik* und *Unterhaltungs-Musik*); auch ist der Lockvogel kein *Lokomotiv-Vogel. OKW* war das Oberkommando der Wehrmacht, aber *UKW* ist nicht das Unterkommando der Wehrmacht, auch kein Untersee-Kommando der Wehrmacht, auch kein Untergrund-Kommando der Wehrmacht, und die *U-Bahn* ist keine Ultra-Bahn.
Trotzdem muß man die Abkü hinneh, aber man soll sie als Zeichen anseh und sie *(→ Ziffern)* nicht in Prosatexte höherer Ordnung einschleppen, man soll sie auf Tabellen, auf die Zeitungen, auf die Fachliteratur beschränken, aber man soll meines Erachtens in einem Essay nicht *m. E., w.o., u. dgl.* und dergleichen lesen müssen. Abkü sind in der Umgangs- und in der Fachspra zuhau, aber für die Gesamtspra können sie sich unglü auswi.
Eine Abkü bekü mich ganz beso: *Euro.* Europa soll vereint werden, um gegenüber den anderen Machtblöcken nicht verkürzt zu werden, und wird vorwegnehmend um eine Silbe verkürzt. Wie schön ist unsere Europabrücke südlich von Innsbruck! Als *Eurobrücke* wäre sie weniger schön. Und so hoffe ich, unverbesserlicher Optimist, daß wir bald eine europäische Währung, ein europäisches Parlament und europäische Tarife bekommen, keine Eurowährung, kein Europarlament und keine Eurotarife.

Man muß **Akzente** setzen. Man kann zum Beispiel das französische Wort *énergumène* (Besessener, Besessene) nicht schreiben,

ohne Akzente zu setzen. Auch Regierungen setzen Akzente, wenn sie sich der französischen Sprache bedienen, wenn sie an einen französischen, ungarischen oder tschechoslowakischen Staatsmann, dessen Name einen Akzent erfordert, schreiben.
Leider aber setzen Regierungen auch sonst Akzente, wo sie die Ausübung ihrer Tätigkeiten anders benennen sollten. Im Zug der Stabilisierungsbemühungen hat die Regierung auf dem Kreditsektor *Akzente gesetzt,* lese ich. Hat sie den Kreditsektor in einen *Kréditsèktor* verwandelt? Nein, sie hat Prozentsätze erhöht, sie hat Schatzscheine ausgegeben. Wo sind da die Akzente? Der Akzent wirkt auf die Betonung ein. Die Regierung betont nicht, wenn sie derartige angebliche Akzente setzt; und sollte sie doch betonen, dann betont sie ihre Entschlossenheit, ihre Zuversicht, dabei setzt sie keine Akzente, außer sie äußert ihre Zuversicht in einer fremden Sprache oder in einem Communiqué oder Exposé.
Lassen wir die Akzente dort, wo sie am Platz sind: im Bereich der Orthographie.

Die **Alternative** ist die Wahl zwischen *zwei* Möglichkeiten, ebenso wie das *Dilemma* ein *Zwiespalt* ist. All dies ist für den Kenner der klassischen Sprachen durch *Alter* (der oder das zweite, der oder das andere von zweien), durch *Di* (zwei, zweifach, doppelt) deutlich angezeigt. Die Auswahl, das Schwanken zwischen *drei oder mehr* Möglichkeiten ist keine Alternative und kein Dilemma, ebensowenig wie sie ein *Zwiespalt* ist.
Und wenn es *mehrere Alternativen* gibt, sind sie: zwei-, drei- oder mehrmals zwei Möglichkeiten.
Zur Alternative gehören immer zwei. Zu einer vorgeschlagenen Lösung gibt es nicht mehrere Alternativlösungen, sondern nur eine Alternativlösung. Und wenn Sie vor *Alternative* Angst haben, schlage ich Ihnen als Alternativwort *Möglichkeiten* vor. Und wenn dieses eine Wort Ihnen nicht zusagt, mache ich Ihnen den Gegenvorschlag *Gegenvorschläge.*

Der Schulkollege hat dieselbe Schule besucht wie ich. Der Bürokollege arbeitet in demselben Büro wie ich.
Also müßten zwei **Amtskollegen** in einem Amt arbeiten.
Warum bezeichnet man dann mit enervierender Beharrlichkeit immer wieder den französischen Außenminister als den *Amtskollegen* des britischen Außenministers?
Nur weil man abwechseln will *(→ Synonym)*? Gegen sachliche

Wiederholungen ist nichts einzuwenden, ganz bestimmt weniger als gegen ein häßliches und irreführendes Ausweichwort!
Jeder gewissenhafte Nachrichtenredakteur sollte seinen Redaktionskollegen beibringen, daß man ruhig sagen und schreiben kann *Der französische Außenminister trifft den britischen Außenminister* statt *seinen britischen Amtskollegen.*

**amüsüren** ist ausgesprochen unrichtig ausgesprochen. Niemand wird das Wort mit jenem *ü* schreiben, welches man in deutschen Landen und sogar von deutschen Schauspielern so oft zu hören bekommt.
Dieses *amüsüren* ist einer der drei hoch hinaufreichenden deutschen Aussprache-Fehler. Die anderen beiden: *Ssene* statt *Szene* (manchmal auch *Zene*) und *Atlier* statt *Atelier.*

Nach **Angebot** herrscht derzeit starke Nachfrage. Von den zahlreichen Rätseln der Auf- und Abwertung unserer Wörter (nicht des Wort-Imports, sondern der Binnen-Bewegung innerhalb des Vokabulars) ist die Entwicklungsgeschichte von *anbieten* und *Angebot* in den letzten Jahren für mich am geheimnisvollsten. *Angebot* und *anbieten* lebten friedlich, hochgeschätzt und unangefochten mit uns, als plötzlich ihr Wirkungskreis erweitert wurde. Heute bietet man auch an, wo man seinerzeit nicht angeboten hatte, und dies durchaus nicht nur im Zusammenhang mit Wissenschaft und Pseudowissenschaft. Ist es die Kontaktfreudigkeit, die große Kommunikationsexplosion, die das nahelegt? – denn wenn man etwa Gesellschaftsreisen oder Volkshochschulkurse *ankündigt,* spricht man den präsumtiven Reise- oder Kursteilnehmer nicht so direkt an wie durch ein *Angebot.* Früher bot man Freunden und Gästen Platz, Erfrischungen, Zigaretten an, heute behandelt man den Kunden wie einen Freund oder lieben Gast. Der Staat legt nicht mehr Anleihen auf, er *bietet* sie *an,* Festspiele und Festwochen *bieten* Theatervorstellungen und Konzerte *an,* auch wenn sie sie ohne werbende Töne sachlich aufzählen. Radio und Fernsehen strahlen nicht Sendungen aus, sie *bieten* sie *an* und halten statistisch das *Angebot* von soundsovielen unterhaltenden, kulturellen und informativen Sendungen fest. Wissenschaftler formulieren ihre Theorien, Thesen und Hypothesen nicht mehr, sie *bieten* sie *an.* Kürzlich hörte ich, daß die Stadt Salzburg viele schöne Plätze *anbietet,* und ich las sogar, daß das Opfer eines politischen Attentats den Gegnern das Allerkostbarste *angeboten* hat: sein Leben.

Gegen die meisten (nicht die beiden letzterwähnten!) Zusammenhänge, in denen *Angebot* und *anbieten* auftreten, ist nichts einzuwenden. Wir sollten uns nur vor einem Über-*Angebot* in acht nehmen und nicht vergessen: in unserer Gesellschaftsordnung ist es möglich, jedes *Angebot* abzulehnen.

Kann man **angenehm enttäuscht** sein?
Ja, man kann: als Masochist.
Wer über Schmerzen jubelt, sich an Fehlschlägen weidet, kann und wird auch eine Enttäuschung angenehm finden.
Alle anderen aber, die noch immer stattliche Zahl nichtmasochistischer Zeitgenossen, sie gebrauchen *angenehm enttäuscht* zu Unrecht. Denn sie meinen *angenehm überrascht.*
Überraschungen können positiv und negativ, Freuden können nur positiv, Enttäuschungen können nur negativ sein. Niemand ist unangenehm erfreut.
*erfreut* schließt den Begriff *angenehm, enttäuscht* schließt den Begriff *unangenehm* ein. *angenehm enttäuscht* bedeutet also *angenehm unangenehm überrascht,* signalisiert eine mehr oder weniger starke Portion von *Lust am Untergang;* und wer seelisch entsprechend beschaffen ist, doch nur er, sei *angenehm enttäuscht!*

**anheben** ist ein schönes, etwas preziöses Wort für *beginnen.* Wenn aber im neuen Tarif die Preise erhöht werden, werden sie nicht begonnen. Warum sagt man dann, daß sie *angehoben* werden? Will man sich schamhaft um *erhöhen* drücken? Das wäre erstens kindisch, zweitens könnte man dann die Preise auch *hinaufsetzen (→ billig).*
Wovor man sich aber noch mehr hüten sollte als vor dem *anheben,* ist das *aufstocken.* Heutzutage werden Anleihen *aufgestockt,* wird das Aktienkapital *aufgestockt.* Und wenn ich mir vorstelle, daß Bauleute auf ein vierstöckiges Haus ein fünftes Stockwerk setzen und daß Bankleute, weil eine erste Emission von Wertpapieren schnell placiert wurde, weitere Wertpapiere in Umlauf setzen, muß ich sagen: Beides probiert – kein Vergleich!

**anheizen**? Warum nicht *steigern, beleben*?

Auf den *ersten* **Anhieb** kann etwas gelingen, und man kann dieses Gelingen auch unter diesem Hinweis auf den *ersten Anhieb* beschreiben, falls das, was da gelang, sich einigermaßen mit dem

Bild eines Anhiebs vereinbaren läßt. Man kann ja auch im ersten *Ansturm* eine Forderung durchsetzen, obwohl man keine militärische Attacke vollführt. Daß man auf den ersten *Anhieb* Sympathien gewann, würde ich nicht sagen.
Vor allem aber ist das *erste* leider in letzter Zeit weitgehend abgebröckelt und hat den *Anhieb* alleingelassen. Der Solo-*Anhieb* mit *auf* hob an, sich in vielen sprachlichen Regionen zu verbreiten, in denen er nichts zu suchen hat. Man muß ein wenig Phantasie aufwenden, wenn man in Bildern spricht. Der Schwergewichtsmeister hat seinen Gegner *auf Anhieb* außer Gefecht gesetzt? Warum nicht? Ich habe den Motor *auf Anhieb* in Gang gebracht? Warum nicht? Der Schüler kann *auf Anhieb* die Formeln hersagen? Ich habe *auf Anhieb* den Weg gefunden? Nicht doch!

Einer, der bei einer Schießerei *angeschossen* wird, tut mir leid. Aber jede Begegnung mit dem Wort **anschießen** tut mir wohl, erfüllt mich mit Hoffnung *(→ Existenz)*. Denn es ist noch gar nicht so lange her, da wurde *anschießen* gern und fleißig in einem anderen Sinn verwendet: jemanden *anschießen* im Sinn von *gegen jemanden polemisieren*. War es die Kriegs- und Nachkriegszeit, die dieses barbarische und sadistische Bild auslöste?
Heute wird nicht mehr *angeschossen*, sondern *angegriffen*. Das tut den gleichen Dienst und tut weniger weh. Und die Erkenntnis von der Sterblichkeit schändlicher und schädlicher Wörter und Phrasen lehrt uns, wenn auch immer wieder neue hereinbrechen, daß dafür immerhin wenigstens andere welken und schwinden.

**antiautoritär** ist ein gutes Wort. Es bedeutet: Mißachtung und Widerstand gegen alles und alle, die Macht ausüben und anstreben, also auch gegen alle, die antiautoritäre Prinzipien durchsetzen wollen.

Apostrophe – das ist keine von der außerparlamentarischen Opposition Apo angestimmte Strophe, sondern der Plural des Worts **Apostroph**, welches männlichen Geschlechts ist.
Mit dem Apostroph hat man's schwer. Er steht dort, wo Buchstaben ausgefallen sind, wird aber gern unrichtig gesetzt. Er gebührt Karl Kraus' Schriften, Karl Marx' Hauptwerk, nicht aber Lichtenbergs Schriften und Beethovens einziger Oper.
Damit nicht genug: der Apostroph ersetzt das ausgefallene *e* in *ich hab's, ich will's*, nicht aber das unterdrückte *das*, also muß man *ins Bett, aufs Land* schreiben, ob man's will oder nicht.

Auch beim Imperativ ist der Apostroph unangebracht. Man schreibt *ich hab' dich gern*, aber *hab mich gern*.
Besonders gern wird der Apostroph bei der Niederschrift von Dialektwendungen unrichtig gesetzt, nämlich dort, wo nichts ausgefallen ist. Man kürzt *Sehen Sie* sinnvollerweise richtig *Sehen S'* ab, aber immer wieder muß man *Sehen'S* lesen.
Ja, 's ist schwierig, nicht jeder kann's – und wenn S' es lernen wollen, schauen S' ins Buch, wo's erklärt wird.

Der Minister machte dem Staatsoberhaupt einen *Höflichkeitsbesuch*. Gibt es auch Unhöflichkeitsbesuche? Ist der ausdrückliche Hinweis auf die Höflichkeit, der man sich als Besucher ausdrücklich unterwirft, nicht eigentlich unhöflich gegen den Besuchten? Warum nicht *der Minister besuchte das Staatsoberhaupt* oder, wenn's sein muß, *der Minister machte dem Staatsoberhaupt einen Besuch*? Aber das ist noch gar nichts! Denn nach dem Höflichkeitsbesuch beginnen die **Arbeitsgespräche**. Wenn die Außen-, die Handels-, die Finanzminister zweier Staaten Gespräche führen und der eine oder beide sich eigens zu diesem Zweck in das Ausland begeben, genügt wohl *Gespräch*, um festzustellen, daß sie miteinander nicht nur unverbindlich Konversation machen.
Gewiß besteht die Arbeit, nicht nur bei Ministern, sehr oft hauptsächlich aus Gesprächen. Aber ich würde etwa das Wirken eines Geistlichen, der die Beichte abnimmt, eines Gelehrten, der mit Kollegen und Schülern ein Problem erörtert, eines Anwalts, den sein Klient informiert, nicht als *Arbeit* bezeichnen.
So ist bei Politikern auch der Hinweis auf die Arbeit in dem Terminus *Arbeitsgespräch* unangebracht und noch viel weniger angebracht in dem Terminus *Arbeitsessen*.
Ich weiß: Wer nicht arbeitet, soll auch nicht essen, und das gilt gewiß auch für Politiker – aber doch nicht beides gleichzeitig!
Auch der *Arbeitstitel* eines Films oder Stücks ist besser ein *vorläufiger Titel*. Denn *in Arbeit* ist der Film, das Stück; an dem Titel wird nicht gearbeitet, es wird über ihn nachgedacht.
Man soll auch im Vokabular an *Arbeits*verkürzung denken *(→ Papier)*.

**artikulieren** heißt: deutlich aussprechen. Aber wenn ich mich deutlich für oder gegen etwas ausspreche, artikuliere ich mich nicht für oder gegen etwas und artikuliere ich auch meinen Standpunkt nicht. Denn ich kann Laute, Silben, Wörter, Sätze, aber nicht mich und nicht eine Meinung artikulieren. Eine *artikulierte* Darstellung oder Erklärung ist eine akustisch oder auch formal oder auch inhaltlich klare, deutliche Darstellung oder Erklärung. Aber die Erklärung ist artikuliert, und jener, welcher sie abgibt, also artikuliert, hat damit, wie gesagt, sie, aber nicht sich und nicht seinen Standpunkt artikuliert.

Ich habe mich ausgetobt, du hast mich ausgelacht, er hat mich ausgebootet, sie hat mich ausgenützt. Aber wer hat mich **ausgelastet**? Ich mich, du mich, er mich, sie mich?
Man sagt, ich sei ausgelastet, weil ich einen Beruf und einen Nebenberuf habe. Aber weder der Beruf noch der Nebenberuf sind mir eine Last. Ich bin beschäftigt, manchmal überbeschäftigt, ich bin vielleicht gelegentlich überlastet, aber ich war nie und ich bin nicht gelastet. Oft fühle ich mich allerdings belastet und wäre gern entlastet, von dieser und jener Last befreit, zum Beispiel von jener, welche das Wort *ausgelastet* mir auferlegt.

**ausklammern** sollte man nicht berücksichtigen, *ausklammern* sollte man vernachlässigen.
Klammern verbinden. Man klammert ein, man umklammert, man verklammert. Aber man kann nicht ausklammern. Man kann einzäunen, aber nicht auszäunen. Man kann einmauern, aber nicht ausmauern. Von *ausklammern* sollte man absehen.

# B

Man sagt nicht mehr *Grille* und *Schrulle* für *Laune, Eigenwilligkeit,* man bezeichnet sich nicht mehr als *untertänigsten Diener,* man sagt nicht mehr *Larifari* und *Schnickschnack,* wenn jemand unverantwortlich daherredet, und bezeichnet ihn auch nicht mehr als *Windbeutel.*
So viele farbige, stimmungskräftige Wörter von einst sind vom Zahn der Zeit so lange benagt worden, bis sie abstarben. Warum hört und liest man just die antiquierten, häßlichen, umständlichen Formeln *in* **Bälde** und *zur* **Gänze** statt *bald* und *ganz*?

Der **Ballungsraum** hat nichts mit den alten Ballhäusern zu tun, er ist auch kein Saal, in dem Bälle abgehalten werden.
Mit dem Ballen der Faust hängt er nur indirekt zusammen. Denn der dicht bebaute und besiedelte Raum *(→ Raum)* wird durch das nicht sehr stimmende, unanschauliche, neu geprägte Wort *Ballung* nicht unbedingt so bezeichnet, wie es ihm gebührt; drum ist mein Arbeitszimmer zum Ballungsraum geworden, weil in ihm, sooft ich akustisch oder optisch einem *Ballungsraum* (oder einem noch unseligeren *Ballungszentrum*) begegne, eine Ballung meiner Faust stattfindet.

Was schenkte die Regierung den Pensionisten?
**Beachtung.**

**behelfsmäßig**? Warum nicht *provisorisch* oder *vorläufig* oder *notdürftig*?

*Beinhaltung* ist ein Fachausdruck der Choreographie und der Gymnastik.
**beinhalten** hat nichts mit Tanzen und Turnen zu tun, sondern ist ein hochgestochenes Wort, von allen jenen gern gebraucht, denen *enthalten* nicht fein genug ist.
Ich empfehle dringend, sich des Gebrauchs von *beinhalten* zu enthalten.

Ich werde dieses Restaurant *befasten*?
Das klingt dumm? Ja.
Das kann's nicht geben? Warum?
Es gibt ja auch *die Fabrik wird* **bestreikt.**
Das *be* führt zu einem Objekt hin, an es heran, der Streik führt vom Arbeitsplatz fort (*→ Streik*).
*Fahren Sie morgen mit dem Wagen? – Wenn schönes Wetter ist, werde ich meinen Wagen bezufußgehen.*
*Wollen wir tanzen? – Nein, ich bin müde, ich will den nächsten Tanz besitzenbleiben.*
Wenn ich im Radio höre, daß Arbeiter eine Fabrik *bestreiken*, möchte ich den Apparat benichtanhören.
Und auch sonst schaltet unsere Sprache neuerdings gern auf die Tonart Be-Dur um. Ganz speziell ist die *Bevorratung* zu bekritteln; wie mißgeboren sie ist, sehen wir, indem wir nach dem dazugehörigen Objekt fragen. Ich beriesle den Raum oder die Ohren, ich beschreibe jemanden oder etwas, ich bereichere mich, ich bevormunde dich, ich beneide ihn, ich beeindrucke sie, ich beeide es ... aber wen oder was bevorrate ich? Die Speisekammer, die Familie, die Teigwaren?
Bevorratung ist empfehlenswert, aber nur wenn der reiche Vorrat passender Möglichkeiten benützt wird, um passendere, richtigere Wörter als *Bevorratung* zu benützen.

Die **Bestsellerliste** ist eine von Zeitungen oder Zeitschriften veröffentlichte Liste von Büchern und heißt *Bestsellerliste*, weil die betreffenden Bücher besonders gut gehen, nachdem die Liste veröffentlicht wurde.
Seit Jahrzehnten zerbrechen sich viele kluge Köpfe die Köpfe, um ein deutsches Äquivalent für *Bestseller* oder *Bestsellerliste* zu finden, wobei das *Best* ja eigentlich unverändert bleiben könnte. Einmal versuchte man es mit *Seller-Teller*, aber das war auch nichts und war überdies noch weniger deutsch, denn *Teller* bedeutete nicht das, wovon man ißt, sondern kam von dem englischen *tell:* sagen, erzählen.
So sind die *Bestsellerlisten* in Fachkreisen zwar umstritten, aber das Wort ist längst unab- und unersetzbar.

**betriebsblind** halte ich für ein gutes Wort. Die Eigenschaft, die es bezeichnet, kannten wir alle, doch wir verfügten über kein passendes Wort, sie zu bezeichnen. Und wenn *betriebsblind* auch ein wenig an Betriebswirtschaft anklingt, nach den derzeit *hoch-*

*gespielten* (kein gutes Wort!) Sphären der Markthelfer schmeckt, sage ich ja zu *betriebsblind*, sage aber nicht, daß das Wort mir *schmeckt*, denn *schmecken* im Sinn von *zusagen* sagt mir nicht zu, und drum sage ich, daß dieses Wort mir zusagt.

Was wurde nach der großen Katastrophe **bewahrt?** Stillschweigen.

Wohin möchte der Ankläger seine Behauptungen stellen?
*Unter* **Beweis.**
Oben ist der Beweis, die Behauptungen werden darunter placiert.
Pantoffeln stellt man unter das Bett, sich selbst stellt man bei Regen unter ein Schutzdach, und sein Licht stellte man einst, als es noch Scheffel gab und als die Lichter noch transportabel waren, gelegentlich unter den Scheffel.
Aber Behauptungen stellt man nicht; man erbringt Beweise, man erweist ihren Wahrheitsgehalt, man weist ihre Richtigkeit nach.

Man verwendet gegenwärtig das **Bewußtsein** bis zur Bewußtlosigkeit. Nicht in der Psychologie und der Psychiatrie, denn dort ist es ja fix verpflichtet. Und auch im marxistischen Jargon hat es seinen angestammten Platz.
Ich meine die Alltagssprache, und in ihr wimmelt es geradezu von *Bewußtsein*. Ich glaube allerdings, daß sich das Bewußtsein dabei wohlfühlt, daß es die übermäßige Beanspruchung genießt und als Wiedergutmachung empfindet.
Lange hat es unumschränkt regiert. Dann kam Freud und setzte ihm die Konkurrenz ins Haus, indem er das Unterbewußte zuoberst kehrte. Das Bewußtsein, wenn auch nicht entthront, war doch in seiner Machtausübung eingeschränkt: de iure immer noch obenauf, de facto aber angeschlagen, kein absoluter, nur noch ein konstitutioneller Souverän. Es schmollte, es kränkte sich.
Die Zeit verging, das Unterbewußte war nicht mehr neu, nicht mehr sensationell, das Unterbewußte begann langweilig zu werden.
Jetzt sah das Bewußtsein seine große Stunde gekommen. Es holte tief Atem, krempelte die Ärmel auf und stürzte sich kopfüber in das modische Vokabular. Es übertreibt dabei – doch wer wollte ihm das verargen?! Es mischt sich auch dort ein, wo es nichts zu suchen hat. Es drängt sich auf, wo es unerwünscht ist. Es usur-

piert Funktionen, die ihm nicht zukommen. Es vertreibt den Verstand, es vertreibt das Gefühl, es vertreibt die Empfindungen von ihren alteingesessenen Ressorts und Funktionen, wie gewisse Chefs, die alles, was ihre Mitarbeiter leisten, nach außen für sich in Anspruch nehmen.
Wenn ich mich schneide, tut mir nicht der Finger weh, sondern das Bewußtsein, wenn man mir einen guten Witz erzählt, unterhält sich mein Bewußtsein, wenn mir jemand einen Streich spielt, ärgert sich mein Bewußtsein, wenn eine Katastrophe passiert, schlägt mein Bewußtsein die Hände überm Kopf zusammen, im Hochsommer rinnt ihm der Schweiß von der Stirn, im Winter klappert es mit den Zähnen ... ich trau' mich schon gar nicht mehr recht, *ich* zu sagen, das kommt mir so überholt vor, ich möchte statt dessen immer *mein Bewußtsein* sagen.
Ich hab' ja nichts gegen mein Bewußtsein, früher sind wir immer gut miteinander ausgekommen, es ist eine Seele von einem Bewußtsein, aber in letzter Zeit treibt es es doch zu arg, ich möchte ihm gern die Flügel stutzen, ich möchte es gern auf kleine Flamme drehen; genügen ihm denn die Psychologie, die Psychiatrie und der Marxismus nicht? Muß es denn überall dabei sein, muß es denn à tout prix in aller Munde sein?

Man kann eine Lösung einfrieren, das wissen Physiker, Chemiker und Köche.
Kann man aber Löhne, Preise, die Lösung des Flüchtlingsproblems *einfrieren?* Muß jemand oder etwas, um sich nicht zu bewegen, eingefroren worden sein?
Und wenn das Eingefrorensein lange genug gewährt hat, sind Löhne, Preise, Probleme, auch Mehrheiten dann *zementiert*? Her mit einem Sprachingenieur, der da Abhilfe schafft!
Die journalistische **Bildersprache** wuchert enorm und treibt phantastische Blüten. Die *Weichen* für die Regierungsumbildung werden *gestellt,* gegensätzliche Auffassungen werden *ausgeräumt,* für die Einführung des Fahrverbots wird *grünes Licht* gegeben ...
Von Natur aus kein Diktator, würde ich doch gern einen totalen Bilderstop, ein Neophrasen-Moratorium dekretieren.

**billig** sind die *Waren, teuer* sind die *Waren, verbilligt* werden die *Waren, verteuert* werden die *Waren.* Die *Preise* hingegen werden *erhöht* und *gesenkt,* sie sind *niedrig* oder *hoch.* Hohe Preise können auch teuer sein, dem Produzenten zum Beispiel oder

dem Zwischenhändler, aber ebenso wie nicht die Preise, sondern die Waren kostspielig beziehungsweise preiswert sind, sind die Preise auch nicht teuer beziehungsweise billig, sondern hoch beziehungsweise niedrig. Man darf also auch nicht von *verbilligten* oder *verteuerten* Preisen reden, man darf nie über *teure*, nur über *hohe* Preise schimpfen, man darf nur *niedrige*, nie *billige* Preise billigen.
Und wenn man meint, daß *billig* nicht nur *preiswert*, sondern auch *richtig*, *gemäß* bedeutet, mag das im Zusammenhang mit Preisen etwas weit hergeholt, aber doch billig sein. Ein stimmender, gerechter Preis mag also ein *billiger* Preis sein (diesen Hinweis verdanke ich dem vortrefflichen Buch ›Deutsch unter der Lupe‹ von Walter Heuer); *teuer* jedoch sind Preise keinesfalls.

**brauchen** heißt *benötigen*, *gebrauchen* heißt *benützen*.
Man kennt die uralte Regel (sie klingt wie ein Zitat aus einem Chorwerk von Carl Orff): *Wer brauchen ohne zu gebraucht, braucht brauchen überhaupt nicht zu gebrauchen.* – Sie ist nicht nur im Hinblick auf *zu* bedeutsam. Sie wäre, beherzigte man ihre beispielgebende Botschaft, auch im Hinblick auf den Gebrauch von *gebrauchen* segensreich.
Denn dann würden wir nicht immer wieder hören müssen *Das kann ich gut gebrauchen.* Gut *gebrauchen* kann eine geschickte Näherin eine Nähmaschine, welche sie schon lange hat. Gut *brauchen* könnte die vielbeschäftigte Näherin eine Nähmaschine, wenn sie keine hat.

*Worüber geht die Budgetdebatte?*
*Sie geht über die* **Bühne**.
*Was tut sie denn im Theater?*
*Nichts. Sie findet im Parlament statt.*
*Warum geht sie dann über die Bühne, statt stattzufinden?*
*Das dürfen Sie nicht mich fragen, das müssen Sie die Budgetdebatte fragen.*
*Ich hab' sie gefragt, aber sie sagt, daß sie's nicht weiß. Ich soll die Journalisten fragen.*
*Haben Sie die Journalisten gefragt?*
*Nein – ich trau' mich nicht.*
*Warum?*
*Sonst sind sie beleidigt und verreißen mich, wenn mein nächstes Stück über die Bühne geht.*

Die Handhabung des **Bumerangs** ist schwierig. Es ist riskant, ihn in die Hand zu nehmen und zu schleudern. Es ist aber ebenso riskant, ihn in den Mund zu nehmen oder ihn aus der Feder fließen zu lassen.
Der Bumerang-Professional schleudert diesen. Ob er den Gegner oder das Wild trifft oder nicht, ob die kostbare Waffe zu ihm zurückkehrt oder nicht:
Er tut bestenfalls dem Gegner oder dem Wild weh, keinesfalls aber sich!
Der gedankenlose Sprachgebrauch zieht aber den Bumerang heran, wenn er ausdrücken will, daß jemand ein anderes Objekt treffen wollte, doch selbst getroffen wurde, im Sinn der großen Anklage des Horatio ... *von Planen, die verfehlt zurückgefallen auf des Erfinders Haupt.* Diesen Tatbestand kann man nicht mittels des Hinweises auf einen Bumerang ausdrücken; denn der Bumerang bringt jenem, welcher ihn schleudert, keinen Nachteil; an seiner Stelle empfiehlt sich die Grube, die man einem andern gräbt und in die man selbst hineinfällt.

# C

Das **c** freut sich, daß es das *ch,* das *ck* und das *sch* gibt; denn sonst wäre es noch übler dran.
Auch so ist es ja arg in der Defensive. Aus dem *Club* wurde der *Klub,* aus dem *Contract* der *Kontrakt,* aus der *Reclame* die *Werbung.*
Es gibt auch längst keine *Correspondenz* mehr, nur noch Telephongespräche.
Aus *Cöln* wurde *Köln,* aus *Crefeld* wurde *Krefeld,* nur *Coburg* ist fest in deutscher Hand.
Ein Glück, daß wir das *Cello,* den *Clown* und die *Cäcilie* haben!

Der **Computer** gehört zu den → Fachausdrücken und zu den → Fremdwörtern. An dem Computer *(→ inputen, → programmieren)* stört mich vor allem das akustische *pjut* in seiner deutschen Mitte. Lange Zeit sah ich mich vergeblich nach einem passenden, besser klingenden neuen Wort um, das allmählich an seine Stelle treten könnte, wie die Weste an die Stelle des Gilets, die Lenkstange an die Stelle des Gubernals getreten ist. Ich habe auch eines gefunden, das mir sehr zusagt: in Österreich nennt man den Computer jetzt häufig *Blechtrottel.* Ich plädiere leidenschaftlich für die neue, gut gewählte Bezeichnung; aber ich fürchte, daß sie sich außerhalb Österreichs nicht durchsetzen wird.

# D

Was *stellen* die Bewegungen an der Grenze **dar**?
Eine Bedrohung.
Wohin *brachte* das Ensemble die Komödie?
Zur *Darstellung*.

**davontragen** kann man manches, wenn ein Unfall sich ereignet hat.
Man kann die Brieftasche des Opfers davontragen. Man kann auch das Opfer davontragen und in einem Gebüsch verbergen. Man sollte es nur unterlassen, in dem Bericht über den Unfall zu melden, daß das Opfer Verletzungen *davongetragen* hat. Sonst erleidet die Sprache schwere Verletzungen.

Man pasteurisiert, was nicht keimfrei ist. Man organisiert, was nicht geordnet ist. Man mechanisiert, was nicht mechanisch ist. Man banalisiert, was nicht banal ist, man politisiert, was nicht politisch ist (*banalisiert* und *politisiert,* nicht *verbanalisiert,* nicht *verpolitisiert*! Ebenso heißt es auch *proletarisieren,* nicht *verproletarisieren*! Doch das nur nebenbei).
Man elektrisiert, was nicht elektrisch ist. Man atomisiert, was nicht in Atome zerlegt ist.

Man **demokratisiert** die Schulen, die Betriebe, die Kunstausübung. Man läßt zwischen den Zeilen der Demokratisierungskonzepte also durchblicken, daß wir uns nicht innerhalb der Demokratie bewegen. Und das ist das Fatale an dem Schlagwort von der *Demokratisierung.*
Wenn eine Diktatur stürzt, wird demokratisiert. Innerhalb der Demokratie kann man Demokratie nur reformieren, aber nicht herbeiführen.
Zum Wesen der Demokratie gehört ihre Unvollkommenheit, ihre Verbesserungsbedürftigkeit, ihre Gefährdung. All dies wird nicht durch *Demokratisierung,* durch Herbeiführung von Demokratie aus der Welt geschafft, sondern innerhalb der Demokratie durch Entwicklungen, an deren Anfang, nicht an deren Ende die Demokratie steht. Ein sozialistischer Staat würde es

sich mit Recht verbitten, wenn man angestrebte Veränderungen innerhalb des Systems als *Sozialisierung* bezeichnete. *Demokratie* bedeutet nicht: Abwesenheit der Macht, sondern Teilung und Kontrolle der Gewalten. Auch die demokratische Armee kennt den Befehl, auch in der demokratischen Schule stimmen die Schüler nicht darüber ab, wieviel zwei mal zwei ist.
Manchmal meint man, daß dort, wo die Demokratisierung gefordert wird, auch eine Prise Anarchisierung dabei sei.
Ersinnen wir, bitte, ein besseres Wort. Und solange kein passendes gefunden ist, sagen wir getrost *reformieren* und *Reform.*

Er gab mir einen **Denkanstoß**, daß ich taumelte und fast hingefallen wäre.
*Wenn du mich zum Denken bringen willst,* stammelte ich, *dann sei nicht so gewalttätig. Außer du willst mich terrorisieren. Willst du das? Sei ehrlich!* – Er überlegte eine Zeitlang, dann sagte er *Ja.*
– *Drum!* sagte ich.

*Risipisi* ist ein hübsches Wort und bezeichnet Reis mit Erbsen. *sibilisi* ist auch ein hübsches Wort, bedarf aber, zum Unterschied von *Risipisi* der Ergänzung. *sibilisi* allein ist noch nichts. *ensibilisi* ist auch noch nichts, ebensowenig *ensibilisie.* Aber der Reiz schwindet mit jeder Zutat dahin. Und **desensibilisieren** hält nicht annähernd das, was *sibilisi* verspricht.

*Bitte, Herr Lehrer!*
*Was willst du, Moritz?*
*Bitte, Herr Lehrer, der Anton* **diskriminiert** *mich!*
Was der Anton tut, ist unzulässig, aber die Bezeichnung, die der kleine Moritz wählt, ist es gleichfalls.
Er könnte ja auch nicht rufen: *Der Anton behandelt mich unterschiedlich!*
Und *diskriminieren, Diskriminierung* stimmen nur, wo von unterschiedlicher Behandlung zum Nachteil einer Rasse, Religion, Volksgruppe oder sonstigen Gemeinschaft die Rede ist, vom Zustand, nicht vom Symptom.

Was ist der Unterschied zwischen **Diskussion** und Gespräch? Spüren Sie ihn?
Dann ist's ja gut. Dann sagen Sie vielleicht etwas seltener *Diskussion* und etwas öfter *Gespräch.*
Ich weiß: das ähnelt dem Kurieren von Symptomen. Was hilft's,

die Schwellung zu pinseln? Man muß die Ursache der Schwellung bekämpfen.
Und doch: das gute alte *Gespräch* strahlt so viel gediegene Solidität, so viel direkte Unmittelbarkeit aus, daß es von der Bezeichnung her auf Form und Inhalt dessen, was es bezeichnet, einwirken könnte.
*Diskussion* ist modisch, ist pflichtschuldig. Die Diskussion wird nicht um der Sache willen, sondern um der Diskussion willen abgewickelt. Die Diskussion hält man ab, damit es nicht heißt, man habe sich ihr entzogen. Die Diskussion ist angeblich der Inhalt der Demokratie. Aber die Demokratie ist besser als das, was sie Diskussion nennt. Sie gestattet Diskussionen, aber sie erfüllt sich nicht in ihnen, sondern eher in *Debatten*, denn das ist der Fachausdruck für die Wechselreden in den politischen Gremien.
Die Diskussion hat ihre Formen entwickelt. Die Formen, die die Diskussion entwickelt hat, sind erstarrt. Ihre Starrheit hat längst auf den Inhalt übergegriffen. Auch auf die Sprache und Sprechweise. Diese kommen im Schreckenskabinett der Demokratie gleich hinter den offiziellen Reden. Der Diskussionsredner entläßt aus seinem Mund ein unverwechselbares Amalgam von Gestammel und Phrase. Er denkt weniger an das, was er zu sagen hätte, als daran, daß er den jeweiligen Satz irgendwie zu Ende bringe. Wenn endlich das Zeitwort ausgespuckt ist, atmet er innerlich auf, und wir mit ihm, und es scheint die Leistung des Redners und der Sinn des Satzes gewesen zu sein, daß nun mit Berechtigung ein Punkt gemacht werden konnte.
In der Diskussion wird geredet, im Gespräch wird gesprochen. Die Diskussion wird angesetzt, das Gespräch findet statt. In der Diskussion meint man sich und seinen Standpunkt, im Gespräch hört man den Partner. (War es Robert Musil? Ein kluger Mann hat einmal definiert: *Standpunkt* ist ein Gesichtskreis mit dem Radius null. – Da ich nicht genau weiß, wer es gesagt hat, sichere ich mich ab durch die Formulierung *War es Robert Musil?* Andere wissen es genauer. Der Soziologe und Pädagoge Georg Kerschensteiner, nicht Robert Musil, hat das gesagt, schreibt ein kategorischer Rezensent nach dem Erscheinen der ersten Auflage dieses Buches, und ein freundlicher Herr vom NDR meint, der Satz stamme nicht von Robert Musil, sondern von einem Mathematiker, vermutlich von David Hilbert. Jetzt weiß ich erst recht nicht, wer den Satz gesagt hat. War es Robert Musil?)

An der Diskussion beteiligt man sich, um darzutun, daß man etwas zu sagen hat. An dem Gespräch nimmt man teil, weil man einander etwas sagen möchte.
Die Diskussion hat ein Thema. Das Gespräch hat Stoff. Diskussionen sind Brauchtum des zwanzigsten Jahrhunderts.
Im Gespräch sein ist alles. *(→ s)*

**Dominanz** klingt wie ein Titel, wie *Exzellenz, Eminenz, Magnifizenz.* Ich könnte mir vorstellen, daß man einen bedeutenden Herrn des Dominikaner-Ordens *Eure Dominanz* anredet.
Dem ist aber nicht so. Die *Dominanz* ist eine nahe Verwandte der *Relevanz* und drückt das Dominieren aus. Ich mag beide nicht und meide sie, wo ich kann. Das hängt mit dem Gekünstelten zusammen, das diesen beiden *anzen* anhaftet und das sie auch bei näherer Bekanntschaft und häufigem Umgang nicht verlieren.
Ich brauche sie nicht, ich gebrauche sie nicht. Und Sie?

**doppelt** genäht hält besser. Ich nehme einen doppelten Faden. Ich habe die doppelte Arbeit, wenn ich nur einen Faden nehme. Ich habe *zwei* Nadeln. Welche von *beiden* nehme ich? *Masse* schreibt man mit Doppel-*s.* Statussymbol schreibt man mit zwei *s.*
Man kann das Atelier auf zweifache Art erreichen: mit dem Aufzug oder über die Treppe. Den Aufzug kann man auf zweifache Art bezeichnen: als Aufzug oder als Fahrstuhl. Früher sagte man auch *Lift;* heute sind nur die beiden ersten Bezeichnungen gebräuchlich.
Die Werke von Wilde in der alten Insel-Ausgabe besitze ich doppelt.
Die Werke von Molière besitze ich zweifach: in der Insel-Ausgabe und in der Winkler-Ausgabe.
Auf zwei Rädern des Wagens sind Winterreifen: auf den beiden Hinterrädern.
Die zwei ersten Sätze von Beethoven-Sonaten, die ich am meisten liebe, sind der erste Satz der Kreutzer-Sonate und der erste Satz der Mondschein-Sonate.
Zwischen den ersten zwei Sätzen der Dritten von Mahler wird eine kurze Pause gemacht.
Die beiden Sätze der h-Moll-Symphonie von Schubert bedürfen keiner Ergänzung durch einen dritten und vierten Satz.
Ich habe in meinem Manuskript die Überschriften doppelt unterstrichen. Die Schlagwörter habe ich zweifach unterstrichen: mit einem schwarzen und einem roten Strich.

Es gibt eine Gattung etwas subtiler Fehler, die unbedingt in dieses Buch gehört, mir aber insofern besondere Schwierigkeiten bereitet, als ich sie nicht beim Namen nennen kann. Ich glaube: sie hat keinen. Ich schlage vor: **Dualismus**. Dieses Wort gibt es schon, es ist eine Substantivierung von *zweifach, zweierlei,* und genau das meine ich.

*Die Möglichkeit, abreisen zu können,* ist ein typischer Dualismus. Denn *Möglichkeit* drückt ja *können* schon aus. Entweder *Aussicht, abreisen zu können,* oder *Möglichkeit, abzureisen.*

*Das Gerücht, daß er angeblich hier ist:* entweder das *Gerücht* oder *angeblich,* beides zusammen ist ein krasser Dualismus.

Ebenso *Das Gerücht, daß er hier sein soll;* entweder *Der Bericht, daß er hier sein soll* oder *Das Gerücht, daß er hier ist.*

*Geht es dir auch so wie mir?* Entweder *auch* oder *wie mir. Ich komme wieder zurück:* Wenn ich einmal dort war und einmal fortgegangen bin, komme ich entweder *wieder* oder *zurück.*

*Ich wiederhole es noch einmal:* wenn ich es vorher einmal gesagt und einmal wiederholt habe. Sonst *wiederhole* ich es oder *sage es noch einmal.*

Das *kleine Baby* ist nur angebracht bei einem Baby von unterdurchschnittlicher Körpergröße.

*Männer und Frauen beiderlei Geschlechts* ist nur richtig, wenn eine Ansammlung von Zwittern beschrieben wird.

*Der Präsident ließ durch seinen Pressesprecher* **durchblicken,** *daß er demnächst ...* Die Journalisten waren mit Röntgenapparaten ausgerüstet.

Wenn ich das Wort **durchdrehen** höre, breche ich zusammen.

Es gibt viele Sagen: antike Sagen, mittelalterliche Sagen, aber auch neuzeitliche Sagen. Die beliebteste Sage unter den neuzeitlichen Sagen ist die **Durchsage**.

Wie die älteren Sagen oft an Quellen, Brunnen oder Bäume gebunden sind, sind die Durchsagen an Mikrophone und Lautsprecher gebunden. Wie sind sie zu der Vorsilbe *durch* gekommen? Dieser ihr Ursprung erscheint mir sagenhaft.

Die Durchsagen werden sich wohl kaum so lange halten wie die Sagen des klassischen Altertums und die deutschen Heldensagen.

Innerhalb des neuzeitlichen Sagengutes ziehe ich die *Ansagen* vor.

Auch habe ich nie und wurde mir nie ein Telegramm telepho-

nisch *durchgegeben;* ich habe es der vermittelnden Dame *angesagt,* wenn ich es telephonisch aufgegeben habe, sie hat es mir *vorgelesen,* wenn sie es mir telephonisch übermittelt hat.
Neulich wollte mir eine derartige Dame ein Telegramm *fernmündlich durchgeben.* Sonst eher manierlich und geduldig, wurde ich angesichts dieser Formulierung vom Jähzorn gepackt und rief *Halten Sie Ihren Fernmund!*

*Ich darf Sie, sehr geehrter Herr Bezirkshauptmannstellvertreter, herzlich als unseren Ehrengast begrüßen.*
Natürlich darf er es, nie war die Rede davon, daß es ihm hätte untersagt werden sollen.
*Ihnen, sehr verehrte Damen und Herren, darf ich die Grüße des Bundesvorstands überbringen.*
Immer schon wollte ich wissen, wie sich das abspielt. Tagt der Bundesvorstand in einem Sitzungszimmer und faßt den Beschluß, der Delegierte möge der Bezirkskonferenz Grüße überbringen? Oder sagt einfach einer, daß er alle grüßen läßt, und die anderen nicken nur zustimmend?
Noch viel komplizierter muß der Vorgang sein, der sich abspielt, wenn einer im Ausland die Grüße des österreichischen Volkes überbringt.
Aber es geht mir jetzt nicht um das Bringen von Grüßen, sondern um das **dürfen**.
Man fragt *Darf ich?, Gestatten Sie?,* und das hat einigen Sinn. Man sagt *wenn Sie gestatten,* und das ist noch einigermaßen sinnvoll. Man sagt *ich erlaube mir, ich gestatte mir,* und darin sind noch Spuren von Sinn enthalten.
Aber die indikativische Feststellung, daß ich begrüßen darf, daß ich Grüße überbringen darf, daß ich darauf hinweisen darf, ganz besonders aber: daß ich mir die Bemerkung *gestatten darf* (also *dürfen* zum Quadrat!), diese Ornamente gehören vom Antlitz der Sprache radikal wegrasiert. Denn natürlich darf man, das braucht wirklich nicht gesagt zu werden, falls nicht auf eine konkrete Autorisation hingewiesen wird: *Ich darf endlich die endgültigen Termine bekanntgeben.*
Aber wenn der Redner *sich gestatten darf* oder *sich erlauben darf* oder nur einfach sagt, daß er das, was selbstverständlich ist, *darf,* nimmt er sich unter dem Vorwand der Bescheidenheit zu wichtig. Er darf alles, was er darf, nur nicht darauf hinweisen, daß er es darf.

# E

**echt** kann falsch sein. *echt* ist in den letzten Jahren derart überfordert, daß es arge Abnützungserscheinungen nicht verleugnen kann. *echt* gehört dringend zum Service. Wenn *echt* überholt ist, wird alles besser.

Eine echte Freude, ein echtes Wunder, eine echte Überraschung ... hat man denn kein Vertrauen mehr zum eigenen Wort, daß man ihm durch *echt* Hilfsdienste leisten muß? Ein Wunder, eine Überraschung – das müßte ohne Zusatz alles sagen. Und die Freude kann groß, herzlich, sie kann eine besondere Freude sein; daß sie echt ist, nicht vorgetäuscht, nicht geheuchelt, muß man das eigens betonen, ist es nicht fast verdächtig, das zu betonen?

Es ist mit diesem *echt* wie mit dem nicht mehr so stark verbreiteten *wirklich*. Sagt mir jemand, er freue sich, mich kennenzulernen, mein Buch habe ihm gefallen, bin ich froh; sagt mir jemand, er freue sich wirklich, mich kennenzulernen, mein Buch habe ihm wirklich gefallen, werde ich mißtrauisch und leicht beleidigt.

Aber das alles ist noch gar nichts gegen *echt* als Adverb, das unsere Sprache überrollt hat, unaufhaltsam und schonungslos wie der angeschwollene Wildbach nach der Schneeschmelze.

Ich hab' mich echt gefreut. Du bist echt entsetzt. Er hat sich echt geschämt. Sie ist echt blamiert. Es ist echt eine Katastrophe. Wir werden echt draufzahlen. Ihr werdet euch echt wundern. Sie sind echt verzweifelt.

Wenn es Sprachpsychologen gäbe – aber gibt es sie? Gibt es nicht nur Sprachsoziologen, Linguisten und Semantiker? –, wenn es sie gäbe, sollten sie die Wurzeln und Motive dieses falschen *echt* analysieren. Aber sie werden ja doch nur gesellschaftliche Relevanzenvertilgungsmittel analysieren; und drum werden wir nie erfahren, warum dieses adverbielle *echt* gerade um die Wende vom zweiten zum dritten Drittel unseres Jahrhunderts so ins Kraut schießen mußte.

Begnügen wir uns also damit, uns einen großen Pranger zu denken und dem Adverb *echt* an ihm einen gut sichtbaren Vorzugsplatz zuzuweisen.

**Effizienz** und *effizient* sind von großer Effizienz, aber doch nicht so effizient wie *wirksam* und *Wirksamkeit.*

Wieder mußte ich **einmal mehr** lesen, wieder fand ich, wie jedesmal, wenn ich *einmal mehr* gelesen oder gehört hatte, daß *wieder* statt *einmal mehr* besser angebracht gewesen wäre.

Hat **einpendeln** Sie auch beim ersten Hören oder Sehen so fasziniert wie mich?
Wenn Wörter verführen könnten, hätte *einpendeln* damals von mir mühelos haben können, was es wollte.
Seither ist der erste Blütenstaub meiner Neigung schon dahin; aber ich denke noch oft an den Reiz der ersten Begegnung und habe immer noch eine kleine Schwäche für *einpendeln.*
Denn bei *einpendeln* deckt sich das Bild genau mit dem übertragenen Wortsinn. Bei *einschleusen* ist's weit entfernt davon, ebenso haarscharf zu sein. Denn die Schleuse ist eine Vorrichtung, die nichts Heimliches, Indirektes an sich hat. Wo Agenten, Spione, illegale Einwanderer gemeint sind, macht *einschleusen* mich nicht glücklich. Manchmal hilft *infiltrieren,* um um die Schleuse herumzukommen, und auch das gute alte *einschmuggeln* wird sich immer noch bewähren.

Was heißt **einplanen**?
Man kann nicht *sieden* statt *einsieden* sagen, man kann auch nicht *kehren* statt *einkehren* sagen, man kann auch nicht *motten* statt *einmotten* sagen, das heißt: man kann, aber es ergibt keinen oder einen anderen Sinn.
Hingegen kann man *planen* statt *einplanen* sagen.
Man hat die Möglichkeit des Anschlusses einer Geschirrspülmaschine bei der Installation der Küche eingeplant? Man hat sie geplant! Sie war Bestandteil des Plans, sie war im Plan enthalten, sie war im Plan berücksichtigt.
Sie war ... was war sie? ... *vorgesehen* war sie.

Nicht jedes Adjektiv läßt sich steigern.
Es gibt nur einen *letzten* und keinen noch *letzteren* oder *letztesten* Mohikaner. Wenn man dem letzten besonderes Gewicht verleihen will, ernennt man ihn zum *allerletzten.*
Es gibt auch nur eine *erste* beziehungsweise *allererste,* aber keine erstere oder ersteste Symphonie. Eine Symphonie, die Anton Bruckner vor seiner Ersten komponiert hat, bezeichnen die Mu-

siker als die *Nullte Bruckner*, was komisch ist, aber die Ausweglosigkeit des Problems gut spiegelt. (Was allerdings geschähe, wenn man das Manuskript einer Bruckner-Symphonie oder die Manuskripte zweier Bruckner-Symphonien fände, die vor dieser *Nullten* komponiert wurden, ist schwer vorstellbar. Jedenfalls könnte man sie nicht als *nulltere* und *nullteste* Symphonien bezeichnen.)
Man kann auch nicht *alleiner* und *am alleinsten* sein.
Und man kann auch *einzig* nicht steigern, ohne dem Wort und seinem Sinn Unzulässiges anzutun. Wenn man immer wieder den falschen Superlativ **einzigste** hören und sogar lesen muß, darf man darauf zwar nicht mit dem Hinweis reagieren, daß dieser *in keinster Weise* zulässig sei – denn damit beginge man den weitverbreiteten komplementären Fehler –, aber man darf sagen, man soll sagen, daß dies nicht der *einzige* Fehler sei, doch jedenfalls einer, dessen man sich *in keiner Weise* schuldig machen dürfe.
(An dem Tag, an dem ich diese Zeilen niederschrieb, am neunundzwanzigsten Juli 1973, hörte ich vormittags im Radio, daß die Geschichte der Vorfahren Mozarts *bis ins einzelnste* erforscht wurde.)

Es gibt Linkshänder, und das ist kein Mangel und kein Makel, sondern eine angeborene Eigenschaft, die man rechtzeitig erkennen und würdigen muß.
Es gibt aber auch Linksmünder, die man gleichfalls rechtzeitig erkennen und würdigen muß, wobei die Würdigung allerdings nicht unbedingt positiv ausfallen wird.
Man erkennt die Linksmünder an dem ihnen entströmenden Idiom, das sich als eine ihrer Waffen gegen bewahrenswerte Ordnungen erweist. (Womit aber nicht gesagt sein soll, daß aus Rechtsmündern eitel Gold quillt.)
Adoptiert man gewisse Wörter, dann erweckt man den Eindruck, als gehöre man zu der Familie, der sie entstammen.
Ein verräterisches Wort aus dem Vokabular der Linksmünder ist **elitär**. Der Terminus ist keine glückliche Schöpfung, wirkt nicht gewachsen, sondern gekünstelt. Die *Elite*, von der er herkommt, ist eigentlich als Wort nicht mehr ganz frisch; so wirkt *elitär* auf ungute Manier zugleich abgestanden und doch fabriksneu wie die Jugendstil-Ornamente und -Gewänder neueren Datums.
Was mich gegen *elitär* aufbringt, ist die Beobachtung, daß man es so gern in abwertendem Sinn verwendet. Die Elite war und ist ja für den, der sie so nennt, die Oberschicht, die Creme, die kleine

Schar Auserwählter, Auserlesener, mit einem Wort: das Beste vom Guten. *elitär* aber wurde zur Bezeichnung dessen, was nur für eine Minderheit von Privilegierten geeignet oder ihr zugehörig, also im Sinn dessen, der sie so nennt, abzulehnen ist. Als würde man sagen: Das ist zu gut, drum mag ich's nicht. Wo *elitär* auftritt, impliziert es meist unausgesprochen eine Nivellierung auf unterer Stufe.

**enttabuisieren** ist ein unseliges Wort für eine segensreiche Tätigkeit. Aber *enttabuisieren* ist noch weniger arg als *tabuisieren.* Denn *tabuisieren* muß zuerst dagewesen sein und seinen Widerpart nach sich gezogen haben.
Ich bin allerdings in Verlegenheit, wenn ich beide Ausdrücke ins Deutsche übersetzen soll. Aber man muß ja nicht übersetzen. Man kann ja zum Beispiel sagen: Alles Sexuelle wird heute ungeniert beim Namen genannt. Oder: Der Bann, mit dem man Gespräche über finanzielle Fragen in gewissen Kreisen belegt hatte, ist längst gebrochen. Man kann sich auch das *isieren* schenken und sagen: In halbwegs kultivierten Staaten ist das Staatsoberhaupt tabu.

Was *nahm* die Gewerkschaftsbewegung?
Eine erfreuliche **Entwicklung**.

Die Vorsilbe *er* hat etwas Verführerisches. Insbesondere im Österreichischen, und da wieder besonders im Tirolischen, wo die Umgangssprache *der* aus ihr macht, treibt sie reizvolle Blüten. Das große Wort *dermachen* ist zu rühmen, das ich persönlich jeder Bezeichnung des triumphalen Vollbringens, insbesondere dem *schaffen* und *hinkriegen* vorziehe. Da wird ein Wagen kurz vor dem Zusammenstoß gerade noch *derbremst.* Und nachher *derfangt* man sich schnell. Von einem prononciert semitischen Herrn, der gern katholisch werden wollte, sagte man zu Anfang des Jahrhunderts, er sei nicht zu *dertaufen.*
So ist auch das **erarbeiten** eine verführerische Neuschöpfung – ich will's nicht abstreiten. Aber es wird mißbraucht und ist von übermäßigem Verschleiß bedroht.
Wie *derbremsen* keine normale, sondern eine außerordentliche Inanspruchnahme der Bremse bezeichnet, sollte auch *erarbeiten* besonderen, Widerstände überwindenden Arbeiten vorbehalten sein. Ich weiß: man *ererbt* etwas, indem man ohne weitere Leistung einfach zur Familie gehört, man *ersitzt* sich etwas, indem

man einfach an Ort und Stelle bleibt; *erarbeiten* gehört jedoch für mich mehr in die Nähe von *erforschen, erspähen, erschleichen* (sehr anstrengend!), *erwirken, ertrotzen.*
Drum plädiere ich für Rationierungsmaßnahmen. Ich schlage vor, daß wir nur jedes zweitemal *erarbeiten* sagen oder schreiben; es gibt ja eine reiche Auswahl gleichwertiger, wenn auch, zugegebenermaßen, nicht so verführerischer Zeitwörter (→ *Griff*).

*Ich* **erlösche**! rief das Licht, als kein Wachs mehr vorhanden war. Und es erlosch.
*Ich verlösche dich! sagte* ich zu dem Licht und verlöschte es. Ist das Licht erloschen? – Nein, es wurde verlöscht.
Das Licht erlischt gleich; verlösche es, sonst entsteht Qualm.
Da man angesichts eines nicht mehr brennenden Lichts nicht immer sagen kann, ob es erloschen ist oder verlöscht wurde, sagt man gern auf jeden Fall *verlöscht.*
Auf die Frage *Ist das Licht verlöscht?* gibt es nur eine Antwort: Nein. Denn es ist entweder erloschen oder es wurde verlöscht.

Wohin *treten* die schmucken Gardisten bei der Parade? In **Erscheinung.**

**erstellen** braucht man nicht zu verwenden. *erstellen* ist trocken und unanschaulich, wenn auch von der Mode hochgeschwemmt, *erstellen* ist entbehrlich. Man kann von heute an *erstellen* meiden und hundert Jahre alt werden, und es wird einem nichts gefehlt haben.
(Manchmal glaube ich, daß *erstellen* auf Grund eines Druckfehlers in die Welt getreten ist. Es sollte *herstellen* heißen, das *h* fiel irrtümlich fort, man las *erstellen,* hielt es für ein schickes neues Wort ... und so ist's passiert!)

Es ist so, daß **Es ist so** nur dazu da ist, dem Redenden eine Gnadenfrist zu geben, wenn er nicht weiterweiß. Er erkauft sie durch den Zwang zu einem Nebensatz. Er könnte ebenso eine kleine Pause machen, und das täte der Rede besser.
Geheimnisvolle seelische Kräfte hindern die meisten Menschen daran, direkt, ohne Anlauf, ohne Einstieg zu sagen, was sie sagen wollen.
*Haben Sie mit dem Training schon begonnen?* fragt der Reporter. Der Läufer antwortet: *Das ist richtig. Ich trainiere schon seit*

*zwei Wochen. – Wie ist die Lage auf dem Arbeitsmarkt?* fragt der Reporter. *Es ist so,* sagt der Minister, *daß die Beschäftigtenzahl leicht rückläufig ist (→ Wörter, die um eine Nummer zu groß sind).*
Ich träume von einem stilistischen Scheibenwischer, der diese und andere *(ich meine, ich finde ...)* störenden Partikeln entfernt, auf daß die gesprochene Sprache klar und durchsichtig werde.

**Eskalation** ist in unsere Sprache integriert und längst kein Fremdwort mehr.
*Eskalation* bezeichnet das, was es meint, präzis und eindeutig.
*Eskalation* ist unersetzlich, daher unentbehrlich.

**etablieren** war ein gutes, ein bekanntes, ein nicht übermäßig gängiges Wort, vielleicht schon im Begriff, antiquiert zu werden. *etablieren* hatte nichts von Macht und Herrschaft an sich, *etablieren* bezeichnete einen gesunden Zustand mit Aussicht auf Dauer. *etablieren* hatte sich etabliert.
Da brach das *Establishment* über uns herein; nun rast es und will seine Opfer haben. Eines dieser Opfer ist *etablieren.*
Das Establishment hat viel Grausiges an sich, rein als Wort, zum Beispiel seine Einzahl; denn sie täuscht eine Einheit, eine Gemeinsamkeit, eine Verbundenheit, einen Block aller Einfluß-, Macht-, Geld-, Positions-Inhaber vor. Wie und was sie immer sein mögen, sie sind kein Block, sie sind nicht *das* Establishment. Ich würde sie *die Mächtigen* nennen. *Establishment* kann ich bestenfalls im Scherz verwenden. Oder um es, das Wort, zu bekämpfen. Ich kämpfe gegen das Establishment und gegen *das Establishment,* ist es ähnlich demagogisch und unsinnig wie: in Wenn ich *den Staat, die Kirche* verantwortlich mache, bleibe ich, sachlich oder nicht, im Bereich der Realität. Bezichtige ich *das Establishment,* ist es ähnlich demagogisch und unsinnig wie: in einer konkreten Situation *die Juden* verantwortlich zu machen.
*Das Establishment* verfügt über alle Macht und über alle Apparate, so höre ich. Und dann höre ich im Radio und im Fernsehen böse Worte gegen *das Establishment,* dann erscheinen in mächtigen Verlagen Bücher gegen *das Establishment.* Und in den Sprachrohren *des Establishments* kritisieren Nutznießer und Kreaturen *des Establishments* das Vorgehen *des Establishments* gegen die Gegner *des Establishments.* Ich wäre gern für ganz kurze Zeit *das Establishment,* nur um dieses Wort abzuschaffen. Aber dabei würde es sich vermutlich herausstellen, daß *das Establishment*

gar nicht so mächtig ist, wie seine Gegner so lange behaupten, bis es ihnen gelungen ist, sich im Schoß *des Establishments* zu *etablieren.*

Wenn ich über die jungen Wörter traurig bin, sage ich zum Trost leise vor mich hin *Existenz.* Und Hoffnung regt sich in meinem Herzen.
Denn **Existenz** war einst ein böser Aug- und Ohrwurm. Der Zweite Weltkrieg war zu Ende. Die Existenz war kostbar, dessen war man inne und eingedenk. Man entwertete die edle Gabe, indem man sie allzu häufig beim Namen nannte. Man huldigte der Existenzphilosophie und dem Existentialismus, man zerrte, wenn man klug reden und schreiben wollte, die Existenz bei den Haaren herbei und trampelte auf ihr herum, man gewährte ihr nicht das Existenzminimum an Rücksicht. Bald trat dann auch noch die Kompagnonin der Existenz, die Koexistenz, in Erscheinung. Diese ist einigermaßen verbraucht, aber noch erstaunlich rüstig. Die Existenz hingegen hat sich erholt, seit sie nicht mehr in aller Munde ist. Man kann wieder ruhig über sie sprechen. Und das erfüllt mich mit Zuversicht. Wenn, vielleicht, in fünfundzwanzig Jahren oder so, *Medien* oder *manipulieren* oder gar *Gesellschaft* ... nein, nicht aus dem Verkehr gezogen, soweit versteige ich mich nicht, aber abgeklungen, ein klein wenig abgeklungen sein sollten ... doch ich will nicht ins Schwärmen geraten und, vor allem, nichts verschreien.

# F

*Terminus technicus* ist ein Fachausdruck für **Fachausdruck**. Fachausdrücke sind fast ausnahmslos notwendige Übel und unabsetzbar.

Man kann statt *Terminus technicus* zwar *Fachausdruck* sagen, *Tisch-Tennis* statt *Ping-Pong*, *Verfolgungswahn* statt *Paranoia*, *Umfang* statt *Peripherie*, *Umstandswort* statt *Adverb*.

Aber was soll man statt *k.o.*, statt *Tango*, statt *Radius* sagen? Man kann *Taschenbuch* statt *Pocket book* sagen, aber was soll man statt *Paperback* sagen?

Was kann, was soll man statt *Radioaktivität* sagen, doch nicht *Rundfunktätigkeit?*

Jemand hat George Bernard Shaw einmal nachgesagt: wenn alle Welt von *Rotwein* und *Weißwein* spricht, wird Shaw von *Blauwein* und *Gelbwein* sprechen. Gewiß: der Weißwein ist eher gelb als weiß, aber wir sind übereingekommen, ihn *Weißwein* zu nennen. Und wir hören das *weiß* kaum mehr, wir nehmen es nicht als Bezeichnung einer Farbe auf. *Weißwein* ist eine Chiffre geworden, gleich ihm viele Bezeichnungen, Namen, Fachausdrücke. Wir denken bei *Darmstadt* nicht an den Darm, man hat bei *Pforzheim* keine Hintergedanken, wir denken bei *Holbein* an kein Bein, bei *Mahler* an keine Mühle, bei *Schnitzler* an kein Schnitzel, bei Reinhold *Schneider* nicht an Nadel und Zwirn, bei Werner *Weber* nicht an Leinen, man verlangt die ›Neue Zürcher Zeitung‹ und hält sie nicht für neu, man liest die *›Furche‹* ohne agronomische Assoziationen, man erinnert sich beim *Artemis*-Verlag nicht einmal schattenhaft der Göttin der Jagd und beim *Diogenes*-Verlag ebensowenig des Weisen in der Tonne.

Der Terminus *Rundfunk* ist schlecht gewählt – was ist da rund und wo ist da der Funke –, aber wer wollte ihn abschaffen?!

Wir übernahmen *hot jazz* und *cool jazz*, sollten wir *heiß* und *kühl*, und was sollten wir statt *Jazz* sagen?

Wir müssen vom *Infarkt* reden, vom *Differential*, vom *Neon-Licht*, sie heißen so, wir müssen *Whisky*, *Gin* und *Cognac* genehmigen *(→ Fremdwörter)*, wir können statt *Saxophon* nicht *Blechklarinette* sagen, wir sollen auch bei *Adagio*, *Andante*, *forte*

und *piano, crescendo* und *diminuendo* bleiben. Die deutschen Romantiker haben gelegentlich versucht, musikalische Bezeichnungen in deutscher Sprache einzuführen, Franzosen haben dann französische Bezeichnungen in die Noten gesetzt (→Hans Weigel, ›Apropos Musik‹, Seite 32 ff.), doch zum Glück hat die Gepflogenheit sich nicht allgemein durchgesetzt. Denn wenn selbst die Musiker deutsche, französische, wenn sie sogar russische Anweisungen lesen und verstehen könnten, was sollen bulgarische, saudi-arabische, afghanische und die in letzter Zeit so beliebten koreanischen Komponisten anfangen?
*Vitamine* werden bis auf weiteres so genannt, ob es uns paßt oder nicht, ob es heimisch klingt oder exotisch.
Nicht alle Entdeckungen haben das Glück, daß ihr Entdecker mit seinem Namen gleich auch heimisch klingende Fachausdrükke mitliefert, wie dies dem Professor Röntgen gelang.

**Fehlleistungen** sind: verlieren, vergessen, sich versprechen, sich verschreiben. Aber im großen Aufwärts der Wörter, die mit *Fehl* zusammengesetzt werden, ist auch die Fehlleistung aufgewertet und zugleich mißdeutet worden. Denn man hört und liest jetzt immer häufiger *Fehlleistung,* wenn *Fehler* gemeint ist. Nicht alle, nur ganz bestimmte Fehler sind Fehlleistungen.
Wenn ich *Bauchhändler* oder *Bruchhändler* statt *Buchhändler* schreibe, ist das eine Fehlleistung. Wenn aber *Buchhndler* gedruckt ist, ist das ein *Druckfehler,* keine *Druckfehlleistung.*

In einer Zeitschrift namens ›Der Sprachdienst‹ wurden ›Die Leiden der jungen Wörter‹ vernichtend kritisiert.
Ich war tieftraurig, als ich lesen mußte: *Es ist leider so, daß* ich mir als *Sprachamateur scharfe Kritik gefallen lassen* muß, und zwar wegen meiner *nationalistischen, reaktionären und von persönlichen Ressentiments überquellenden Einstellung zur Sprache.*
Mein heftiges Aufweinen ging in konvulsivisches Schluchzen über. Um mich zu trösten, wollte ich einige nationalistische und reaktionäre Trutzlieder absingen, doch die Stimme versagte mir. Dies deutete ich als Omen. Ich schlug mir die reaktionäre Brust, streute Asche auf mein von persönlichen Ressentiments überquellendes Haupt, zerriß meine nationalistischen Kleider und setzte ein Telegramm an meinen Verlag auf: EINSTAMPFET RESTAUFLAGE.
Ehe ich es telephonisch aufgab, wollte ich noch ein wenig in dem

›Sprachdienst‹-Heft blättern und so den Grundstein zur Überwindung meines Sprachamateurismus legen.
Ich las zunächst eine redaktionelle Notiz des Inhalts, daß den Beziehern der Zeitschrift Rat und Hilfe in allen Fragen zur deutschen Sprache unentgeltlich geboten werde, allen anderen zum Selbstkostenpreis von 23,20 DM je Stunde ... **Fernmündliche** *Auskünfte sind kostenfrei.*
Da kräuselte ein Lächeln meine Fernlippen, und ein Seufzer der Erleichterung entrang sich meinem Fernmund. Ich füllte einen Scheck über 23,20 DM aus und sandte ihn an die Redaktion der Zeitschrift ›Der Sprachdienst‹ mit der Frage: Wieso verwenden *Sie* das Wort *fernmündlich* und bezeichnen *mich* als nationalistisch und reaktionär?

Der Boß **feuert**. Der Vorgesetzte entläßt. Er feuert nur, wenn er von der Waffe Gebrauch macht, aber er *feuert* nicht, wenn er ein Arbeitsverhältnis für beendet erklärt, wenn er *kündigt.*
*feuern* scheint mir tendenziös und unterstellt dem Arbeitgeber dämonische Brutalität. Nur wo diese tatsächlich festgestellt werden soll, wäre die Anspielung auf das Feuer berechtigt, allerdings besser in der Form von *hinausfeuern.*
*feuern* allein wirkt nicht wie ein Fremdwort, sondern wie eine schlechte Übersetzung amerikanischer Filmdialoge.

Was **findet** der Computer in der Wissenschaft?
Anwendung.

Was **forderte** die Revolte?
Drei Todesopfer.

Es gibt viele Stellungen: Lebensstellungen im Beruf, Igelstellungen im Krieg, Startstellungen in der Leichtathletik, es gibt Feststellungen, Anstellungen, Ausstellungen, Vorstellungen, Nachstellungen, Hilfsstellungen, Abbestellungen ...

Die **Fragestellungen** müßte es nicht geben. Denn wann immer ich bisher von ihnen gehört oder gelesen habe, hätten *Fragen* allein den erforderten Dienst geleistet.

Die **gotische Schrift**, auch **Fraktur** genannt, ist eine schöne und ehrwürdige Schrift. Sie löst weihevolle Assoziationen an Gutenberg, an Luther, an alte Folianten mit kunstvollen Initialen aus. Auch das altmodische Grammophon mit dem großen Trichter ist ehrwürdig. Auch die alte Dampflokomotive ist ehrwürdig. Auch der Stein, aus dem man Feuer schlug, auch das Tintenfaß ist ehrwürdig.

Die gotische Schrift, auch Fraktur genannt, war die Schrift, in der deutsche Texte gedruckt wurden. Ihr entsprach eine besondere deutsche Schreibschrift.

Es ist einleuchtend, daß die nationalen Deutschen, die sich gern mit einem wenig schönen Wort als *völkisch* bezeichnen, diese deutsche Schrift propagierten und sie der westlich von Deutschland verwendeten lateinischen Druckschrift (Fachausdruck *Antiqua*) vorzogen. Als man im Lauf unseres Jahrhunderts deutsch geschriebene Texte immer häufiger in der Antiqua und nicht in der Fraktur druckte, damit diese Texte auch dort gelesen werden konnten, wo man nicht deutsch sprach, wurde von den Nationalen für die Fraktur und gegen die Antiqua gekämpft, ganz so wie man gegen die artfremden Fremdwörter kämpfte (und immer noch kämpft).

Da ergab sich aber im vierten Jahrzehnt dieses Jahrhunderts eine bemerkenswerte Wendung. Der Hinweis auf sie wäre allein schon geeignet, jeden Nationalismus mit seinen Aspirationen auf die Herrschaft eines Herrenvolks für alle Zeiten ad absurdum zu führen:

Die Nationalsozialisten wollten das deutsche Wesen dem ganzen Erdball aufzwingen. Sie wollten Macht über alle fünf Kontinente. Sie wollten, daß die Welt deutsch werde. Der innere Widerspruch, die Aussichtslosigkeit des Unternehmens ging schon daraus hervor, daß der Verein, den sie zu diesem Zweck gegründet hatten, sich einen Namen mit den Fremdwörtern *national, sozial* und *Partei* gab. Schon damit war sein Scheitern vorweggenommen.

Sie hatten auch, als sie sich von Erfolg zu Erfolg bewegten, die deutsche Druckschrift gebührend gefördert.

Dann aber, als während des Zweiten Weltkriegs schon viele Völker unterworfen waren, wurde verfügt, daß nicht mehr die deutsche Druckschrift und nur noch die fremdstämmige Antiqua verwendet werden dürfe.

Denn die fremden Völker mußten doch lesen, was die Deutschen ihnen mitzuteilen hatten. Der gleiche lebensgefährliche Widerspruch wie zwischen *national* und *sozial* ergab sich auf typographischem Gebiet. Das siegreiche nationale Deutsch konnte nicht total deutsch bleiben und mußte vor der internationalen Druckschrift kapitulieren.

Und diese Geschichte erzähle ich hier nicht nur, weil ich mich

immer wieder freue, sie mir ins Gedächtnis zu rufen, sondern auch, weil es heute immer noch Verfechter und Anhänger der Fraktur gibt. Eine ihrer Vereinigungen ist mir bekannt und sogar lieb; ich habe gemeinsam mit ihr gekämpft, als wieder einmal eine Attacke der Kleinschreiber abzuwehren war; ihr danke ich auch die instruktiven Beispiele auf Seite 69 dieses Wörterbuches.
Diese Damen und Herren nennen den Dezember *Julmonat.* Sie verwenden und verfechten die gotische Schrift. Und das wirkt auf mich, als wollte man sich heute für Tintenfässer und Dampflokomotiven einsetzen. Sie sind auch gegen die sogenannten *römischen Ziffern.* Für sie wird Weihnachten nicht am *24. XII.*, sondern am *24. 12.* gefeiert. Damit sind sie allerdings durchaus zeitgemäß. Denn man kann förmlich zuschauen, wie die römischen Ziffern, ohne daß jemand dies beschlossen oder verfügt hätte, aus dem Schrift- und Druckbild verschwinden, aber, und auch das ist angesichts dieses deutschen Kampfs gegen das Lateinische und Römische und sonstige Fremdstämmige eine Pointe: die *römischen* Ziffern werden nicht durch *deutsche,* sondern durch *arabische* Ziffern ersetzt.

Man muß zwischen **Fremdwörtern** und *Fremdwörtern* unterscheiden, das heißt: nein! Man muß zwischen *Fremdwörtern* und *Fremdwörtern* und *Fremdwörtern* unterscheiden.
Es gibt, erstens, entbehrliche Fremdwörter, Fremdwörter zum Abgewöhnen.
Es gibt, zweitens, Fremdwörter, gegen die wir machtlos sind, vorläufig zumindest.
Und es gibt, drittens, Fremdwörter, die unsere Sprache bereichern, gegen die wir nicht nur nichts unternehmen sollten, sondern gegen die wir auch gar nichts unternehmen wollen sollten.
Zur ersten Kategorie gehören: *erstellen, einplanen, Wirkfeld, unabdingbar, hochspielen.*
Zur zweiten Kategorie gehören: *Computer, Slalom, Serum.*
Zur dritten Kategorie gehören: *Fenster, Karte, Revolver, Oboe.*
Es ist völlig unerheblich, ob einem Wort die deutsche Sprache an der Wiege gesungen wurde. Ebenso wie die englische Sprache ist die deutsche Sprache gastfreundlich und gern bereit, Sprachgut, das nicht auf heimischem Boden gewachsen ist, aufzunehmen. Ein Fremdwort, das sich bei uns nicht mehr fremd fühlt, hat aufgehört, ein solches zu sein. Und eine Sprache, die sich stark fühlt, braucht keine Angst vor Überfremdung zu haben.

Karl Kraus hat festgestellt, daß das beste Deutsch aus lauter sogenannten Fremdwörtern zusammengesetzt sein könnte.
Besser ein herzhaftes, stimmendes Fremdwort als ein gequälter, krampfhafter Versuch der *Entwelschung* (dieser von dem Sprachreiniger Eduard Engel stammende Ausdruck *Entwelschung* ist ein lästiges Fremdwort!), besser ein prekäres Rendezvous als ein verunsichertes Stelldichein.
Man kann an der Geschichte unserer Sprache die großen Wellen einströmender Fremdwörter beobachten; jeder Kontakt – wie sollte man zum Beispiel *Kontakt* hier auf *deutsche* Manier umschreiben? *Berührung?* Nein! *Begegnung?* Auch nicht! *Zusammentreffen?* Schon gar nicht! Sehen Sie! – mit fremden Sphären hat sich als bereichernd und belebend erwiesen. Und wenn der vokabularische Zuwachs auch immer wieder dazu tendiert hat – jawohl, *tendiert,* nicht *geneigt*! – inflationistische Dimensionen anzunehmen, war doch keine eklatante Gefahr der Degeneration unserer Sprache zu registrieren.
Wir haben, vom Fachvokabular *(→ Fachausdruck)* im engeren Sinn abgesehen, vor allem lateinisches und französisches Sprachgut aufgenommen und integriert, auch italienisches *(a conto, Fresco, Saldo, Belcanto)* und spanisches *(Eldorado).* Seit der Geburt unserer neuzeitlichen Literatur in deutscher Sprache war das Gezeter gegen die *Französelei* heftig, aber die fruchtbare Auseinandersetzung (hier ist *Konfrontation* ein entbehrliches Fremdwort) mit dem gallischen Wortschatz hat die glorreiche (kommt von *gloire*) Entfaltung unserer neuzeitlichen Literatur in deutscher Sprache nicht beeinträchtigt.
Und jetzt zetern die ewigen Zeterer gegen die *Engländerei,* die eigentlich eher als *Amerikanerei* zu bezeichnen wäre.
Auch sie wird uns nichts anhaben.
Reformatorische Versuche, die Importe (probieren Sie einmal und sagen Sie *Einfuhren* statt *Importe*!) durch hausgemachte Ad-hoc-Neubildungen zu diskreditieren, sind fast immer problematisch.
Man kann nämlich den lebendigen Organismus einer Sprache (was würden Sie hier statt *Organismus* sagen, wenn er ihnen zu fremdstämmig ist?) nicht durch Verbote und Gebote von außen beeinflussen – es wäre denn, eine Neubildung läge auf der Willenslinie der Sprache.
Im allgemeinen reformiert die Sprache sich aus sich heraus ohne äußere Eingriffe. Sie weiß, was sie will, sie weiß, was sie braucht, sie weiß, was ihr paßt.

Wir hatten den *rekommandierten* Brief (in der Schweiz *chargé*), wir haben den *eingeschriebenen* Brief, wir haben keine *Correspondenzkarte* mehr, sondern eine *Postkarte,* wir haben kein *Trottoir* mehr, sondern einen *Gehsteig,* wir haben auch den *Bahnsteig,* aus dem importierten *Coupé* wurde das autochthone *Abteil,* aus der fremdstämmigen *Depesche* ist allerdings das gutdeutsche *Telegramm* geworden. Hingegen hat sich die *Anschrift* nicht durchgesetzt, denn man kann zwar eine Anschrift auf (je nach Geschmack) ein *Kuvert* oder einen *Briefumschlag* schreiben, aber man muß nach wie vor *adressieren,* und man muß auch nach wie vor *kuvertieren,* da es nicht möglich ist, einen Brief zu *beumschlagen* oder *umzubeschlagen.* Wir hatten einen *Chauffeur,* wir sind *Fahrer* geworden, wir hatten ein *Auto,* wir haben einen *Wagen,* es hatte einen *Volant,* er hat ein *Lenkrad.* Wir hatten die *Tramway,* wir haben, wenn wir sie noch haben, die *Straßenbahn.* Viele hatten ein *Grammophon,* jeder hat einen *Plattenspieler.*

Wir hatten *Plomben,* wir haben *Füllungen* in den Zähnen; noch immer aber *plombiert* die Zollbehörde.

Auch die erste Welle der sogenannten *Engländerei* ist zum Teil schon abgefangen. Wir hatten das *Goal,* wir haben das *Tor,* wir hatten den *Corner,* wir haben den *Eckball,* wir hatten das *Out* und haben es immer noch. Den *Cognac* und den *Champagner* haben uns die Friedensverträge nach dem Ersten Weltkrieg verboten: der seltsame und seltene Fall, daß Sieger die Sprache der Besiegten, wenn auch ohne entsprechende Absicht, zu reinigen unternahmen.

Heute sind wir vom Terminus technicus angelsächsischer Provenienz (hier könnte man ruhig *Herkunft* sagen, man kann aber ebensoruhig *Provenienz* sagen, denn die beiden Wörter sind synonym) überschwemmt, aber nicht überrannt.

*Countdown, Jam Session, Floating* seien hier stellvertretend für die zu Beginn dieses Artikels erwähnte zweite Kategorie von Fremdwörtern genannt, gegen die wir machtlos sind, vorläufig zumindest. Aber an diesem Zuwachs wird unsere Sprache nicht zugrunde gehen, und die erste Kategorie der häßlichen, unorganischen, angeblich deutschen Fremdwörter zum Abgewöhnen bereitet mir größere Sorgen.

Ich persönlich übe mich darin, in diesem Buch (und lade meine Leser ein, sich mir anzuschließen) entbehrliche, gekünstelte, modische Jungwörter konsequent ins Deutsche zu übersetzen.

Und ich setzte ganz bewußt reichlich sogenannte Fremdwörter

ein (und bitte meine Leser, dies zur Kenntnis zu nehmen), wo sie, im Sinn des Ausspruchs von Karl Kraus, gutes Deutsch nicht schänden, sondern ermöglichen.
Man muß ja nicht *einplanen,* man kann ja *projektieren.* Wir müssen nicht *erarbeiten,* wir können ja *ausarbeiten, fertigstellen, konzipieren.* Wir verzichten auf den *Trend,* denn wir haben die *Tendenz,* wir brauchen keinen *Swimming Pool,* wir haben ja das gute, alte deutsche *Schwimmbassin.*

frustriert wäre ich, wenn ich das auszudrücken hätte, was man als **frustriert** bezeichnet, und nicht *frustriert* sagen dürfte.
Ich kannte das englische Wort, ehe es sich bei uns einbürgerte, und ich beneidete die englische Sprache um es. Als es allmählich über den Ärmelkanal beziehungsweise Atlantik zu uns kam, freute ich mich.
Es ist zwar kein sehr schön klingendes Wort mit seinem *rustr* in der Mitte, aber es ist unentbehrlich.
Wir haben zwar eine Ausweichmöglichkeit: wir können sagen *unerfüllt.* Aber nicht alles, was unerfüllt ist, ist frustriert, und nicht alles, was frustriert ist, ist unerfüllt. Wir kommen um *frustriert* nicht herum und wollen daher *frustriert* als vollwertigen Bestandteil unseres Sprachschatzes willkommen heißen.

# G

Wo *sind* die Kämpfe zwischen Regierungstruppen und Rebellen?
*Im* **Gange**.

Als ich ihn fragte, ob er sich das alles so vorgestellt habe, sagte er *Genau*. Und das mochte hingehen, denn er hatte es sich genau so vorgestellt.
Als ich ihn aber fragte, ob wir jetzt miteinander essen gehen sollten, sagte er wieder *Genau*. Und das ging nicht. Denn weder ißt man genau noch geht man genau (es wäre denn, man wäre eine Uhr).
**genau** als Bekräftigung, Zustimmung, Bejahung ist eine weitverbreitete Unart. Die Genauigkeit erfordert, daß man, ehe man ein solches *Genau* äußert, innerlich fragt, ob das Verb, welches bestätigt wird, sich durch das Adverb *genau* ergänzen läßt. *Wirst du um fünf bei mir sein? – Genau*. Das geht, wenn es auch nicht vorbildlich ist. – *Sieht dein Sohn dir ähnlich? Genau*. Auch das geht, wenn das Beispiel auch bei den Haaren des Sohns herbeigezogen ist.
*Du hast die Antwort auf diesen Brief nicht abgeschickt? – Genau*. Nein! Und ebensowenig *Du hast den Antwortbrief in den Kasten geworfen? – Genau*. Man kann einen Brief weder genau in den Kasten werfen noch genau nicht abschicken. Und ich werfe die Frage auf, was eigentlich gegen das bewährte, einst weit verbreitete *ja* vorliegt.

Ich bin nicht immer in guter Gesellschaft, wenn ich das Wort **Gesellschaft** verwende. Eigentlich bin ich überhaupt nicht in Gesellschaft, denn *in Gesellschaft sein* bedeutet ja eine bestimmte Zahl von anderen, einen Kreis von anderen, mit denen man sich befindet, aber *Gesellschaft* ist die Addition oder Multiplikation oder Division aller, drum ist man eigentlich nie *in Gesellschaft*, sondern immer *in der Gesellschaft*.
Man sollte es sich vereinfachen und alle Hauptwörter abschaffen und nur *Gesellschaft* nebst den entsprechenden Zusammensetzungen übrig lassen, aber das muß man eigentlich gar nicht, denn es ergibt sich ganz von selbst, und wir haben schon eine gute

Strecke des Weges dorthin zurückgelegt. Bei den Adjektiven ist es etwas komplizierter, denn da brauchen wir zwei: *gesellschaftlich* und *sozial*.
Solange aber das Ziel noch nicht ganz erreicht ist, arbeitet die große Institution, die *Gesellschaft zur Vergesellschaftlichung der Gesellschaft* in Gesellschaft ähnlich gerichteter Gesellschaften emsig an der gesellschaftskonformen, gesellschaftsbezogenen, gesellschaftsorientierten, gesellschaftsimmanenten Umwandlung der Künste und Wissenschaften in Gesellschaftskünste und Gesellschaftswissenschaften. Die Gesellschaftsmedizin teilt sich in Gesellschaftsgynäkologie, Gesellschaftslaryngologie, Gesellschaftsorthopädie, Gesellschaftschirurgie und weitere Gesellschaftsfächer, die Gesellschaftstheologie lehrt uns, daß das *Vater unser* nur gesellschaftlich verstanden werden kann, die Dichter dichten Gesellschaftslyrik, Gesellschaftsprosa und Gesellschaftsdramen, sie alle haben das ja schon seit Äschylos getan, sie haben es nur nicht gewußt. Der ›Erlkönig‹ war gesellschaftskritisch, das ›Abendlied‹ von Claudius erst recht. Das kleine und vor allem das große Einmaleins, sie sind ohne gesellschaftliche Aspekte nicht verstehbar. Schwimmen, Rodeln, Hoch- und Weitspringen sind gesellschaftlich determiniert. Essen, Trinken, Flirten und Rauchen sind Funktionen des Gesellschaftlichen, Liebe und Haß, Neid und Ehrgeiz sind Ausdruck des Gesellschaftlichen, Bridge, Skat, Jaß, Tarock, Sechsundsechzig, Einundzwanzig und Poker sind Gesellschaftsspiele, es gibt keine Tänze, sondern nur Gesellschaftstänze, keine Reisen mehr, nur noch Gesellschaftsreisen. Es braucht wohl kaum betont zu werden, daß die Bewegungen der Gestirne ebenso gesellschaftlichen Ursprungs sind wie das Wetter, insbesondere Luftdruck und Luftfeuchtigkeit. Bachs ›Kunst der Fuge‹, Mozarts Kammermusik, Beethovens ›Diabelli-Variationen‹ sind gesellschaftskritische Dokumente ... mit einem Wort: man sieht die Gesellschaft vor lauter Gesellschaft nicht.
Der nächste Schritt zur Anpassung der Gesellschaft an die Gesellschaft wäre die Anpassung der Texte aus der prägesellschaftlichen Ära an die neue Gesellschaftsdominanz. Eine Gesellschaft von Gesellschaftswissenschaftlern arbeitet eben an der Vergesellschaftung von Goethes ›Faust‹. Einige Proben sollen die Gesellschaftsrelevanz des Unternehmens belegen.
Fausts erster Monolog beginnt:
Habe nun, ach! Soziologie,
Soziologie und Soziologie

Vor allem auch Soziologie
Durchaus studiert ...
Gretchen monologisiert am Spinnrad:
Meine Gesellschaft ist hin,
Meine Gesellschaft ist schwer,
Ich finde sie nimmer
Und nimmermehr.
Und so weiter bis:
Meine Gesellschaft drängt
Sich nach ihm hin.
Ach dürft' ich fassen
Und halten ihn,
Und küssen ihn,
So wie ich wollt',
An seiner Gesellschaft
Vergehen sollt'!
Der zweite Teil der Tragödie endet mit der Feststellung:
Das ewig Gesellschaftliche
Zieht uns hinan.
Einige Stellen können allerdings unverändert übernommen werden, zum Beispiel:
Es tut mir lang schon weh,
Daß ich dich in der Gesellschaft seh'.

Was *legte* der behandelnde Arzt auf den gut funktionierenden Inhalationsapparat?
Größtes **Gewicht**.

*Das ist der* **Gipfel**! rief der Gipfel.
*Was denn?* fragte die höchste Ebene.
*Daß man uns beide miteinander verquickt.*
*Wer tut das?* fragte die höchste Ebene.
*Die Journalisten, die Kommentatoren, die Zeitgeschichtler.*
*Was ist das, ein Zeitgeschichtler?*
*Ich weiß nicht. Ich weiß nur, daß es ein Fach namens Zeitgeschichte gibt. Wie soll man einen nennen, der diesem Fach obliegt?*
*Hast du keine anderen Sorgen, o Gipfel?*
*Doch, o höchste Ebene: Man mißbraucht uns im politischen Jargon.*
*Pfui!* rief die höchste Ebene.
*Wem sagst du das?* seufzte der Gipfel. *Du weißt, daß man dich verwendet hat, wenn Staatschefs einander begegnet sind.*

*Ja, lieber Gipfel, man hat das als Konferenz auf höchster Ebene bezeichnet, obwohl es bei mir heroben weder klimatisch noch sonst sehr gemütlich ist.*
*Bei den Konferenzen der Staatschefs ja auch nicht. Dann aber hat man diese Konferenzen als Gipfelkonferenzen oder Gipfeltreffen bezeichnet. Und das war ungeschickt. Doch damit nicht genug: Allmählich sind Konferenz und Treffen unter den Tisch gefallen, und ich bin übrig geblieben. Jetzt sagt man, daß ich stattfinde, daß ich abgehalten werde, in Genf, in Helsinki, in Wien, in Peking, in Moskau ... ein Gipfel! – wenn die Spitzen einander begegnen ... ein Gipfel! ... ein Währungsgipfel, ein gesamteuropäischer Sicherheitsgipfel, neulich sogar ein Milchpreisgipfel – ist das nicht der Gipfel, liebe höchste Ebene?*
*Ja, lieber Gipfel, das ist der Gipfel!*
*Da möchte man vor Zorn und Scham in die höchste Ebene versinken, liebe höchste Ebene!*
*Tu das, lieber Gipfel!*

Wohin bekomme ich, wenn ich Glück habe, das, was ich tun soll? *In den* **Griff**. Und falls ich es nicht bekomme, sondern kriege? Nirgendhin, einfach hin: ich *kriege es hin.* Und je nach der geographischen Lage kriege ich es hin mit kurzem (nördlich) oder langem (südlich) *i.*
Aber es könnte auch sein, daß ich es *schaffe.*
*in den Griff bekommen* hat etwas Verführerisches. Wer es einmal hört, dem imponiert es so, daß er denkt: Ich möchte auch einmal etwas in den Griff bekommen. Wetten, daß es ihm gelingt! Aber ich finde, daß es besser ist, wenn ihm etwas gelingt, statt daß er den Griff zur Bezeichnung des Gelingens bemüht. Der Griff ist so namenlos konkret. Man bekommt das Seil, den Haken in den Griff, wenn man in den Bergen klettert. Aber kann man als Lehrer eine Schulklasse, kann man als Angestellter die Buchhaltung, kann man als Musikschüler den Kontrapunkt in den Griff bekommen? Das Lenkrad, ja, das Lenkrad bekommt der Fahrschüler in den Griff, aber die Kupplung, die Fußbremse? In den Griff?
Ich melde meine Abneigung gegen den *Griff* an und meine Zweifel gegen das etwas vulgäre *hinkriegen* und auch gegen das Lehnwort aus dem Alemannischen *schaffen;* dieses heißt im schweizerisch-schwäbischen Bereich *arbeiten,* sonst aber bezeichnet es eher *hervorbringen* (schaffen, schuf, geschaffen – nicht schaffen, schaffte, geschafft). In Österreich wird

*schaffen* wie *anschaffen* gebraucht (Er hat mir das Arschlecken geschafft).
Ich bin für *zusammenbringen, zustande bringen, mit etwas fertig werden.* Wenn nicht gar, einfacher, *es gelingt mir.* Wenn nicht, noch einfacher, *ich kann.*
Im Pragerdeutsch war *treffen* sehr beliebt: Du wirst's schon treffen.
Und weil wir gerade von *treffen* reden:
Eine falsche Analogie, vermutlich von den gottverlassenen Übersetzern aus dem Englischen *(→ Übersetzerdeutsch)* eingeschleppt, gibt das, was im Englischen *meet* heißt, auf deutsch nicht nur mit *treffen* wieder, wenn eine Begegnung gemeint ist (Wir treffen einander um vier. – Ich habe ihn zufällig auf der Straße getroffen), sondern auch dort, wo es *kennenlernen* heißen muß. *Meet Mr. Smith* sagt man beim Vorstellen. Wenn ich deutsch spreche, habe ich Mr. Smith, als er mir vorgestellt wurde, nicht *getroffen,* sondern *kennengelernt.*

*In welcher* **Größenordnung** *stellen Sie sich's vor? – Acht bis zehn Stockwerke.* – Stimmt! Obwohl man auch da mit *Größe* allein ausgekommen wäre.
*In welcher Größenordnung stellen Sie sich's vor? – Vier Meter achtzig.* – Nein! Da muß es *Größe* heißen.
Die *Größenordnung* hat die Nachfolge der guten alten *Kategorie* angetreten, und das hätte nicht sein müssen. *Größenordnung:* ein Wort, das *angibt,* wie man in Deutschland gern sagt, das *von sich bläst,* wie man bei uns gelegentlich sagt, ein protziges Wort, ein schickes Wort, wie geschaffen, um von Managern und sonstigen *Top-* und *Super-*Gestalten im Mund geführt zu werden. Ein Wort aus der Gegend von *Vorhaben, Anliegen.* Weg damit! Ein lästiges Fremdwort, diese *Größenordnung*! Wozu haben wir unsere gute deutsche *Dimension*?

Die **Gruppe** grassiert wie die Grippe.
Angesichts der inflationistischen Konjunktur gewisser junger oder verjüngter Wörter frage ich mich: Wie konnten wir vor zwanzig Jahren überhaupt sprechen, ehe unser Wortschatz derart angereichert wurde?
Aber wir konnten, ich erinnere mich genau. Wir konnten alle Gedanken ausdrücken, die wir auch heute ausdrücken, und haben zum Beispiel viel seltener *Gruppe* und nie *Zielgruppe* gesagt.

Und es ist auch gegangen. Und wenn etwas vor zwanzig Jahren nicht gegangen ist, war nicht der Wortschatz schuld.
Die Gräber der Friedhöfe waren in Gruppen geteilt, die Theater-Abonnements, es gab Jugendgruppen innerhalb größerer Organisationen.
Die Gruppeneinteilung hatte etwas Administratives. Ferner gab es aber auch die *Gruppenbildung*, und das war damals noch kein Volkshochschulkurs, sondern eine Zusammenrottung in der Öffentlichkeit. In der musikalischen Analyse gab es Themengruppen.
Es gab Gruppenbilder. Auch Gruppensex gab es schon längst, aber ohne diesen Namen. Es gab damals zwar schon *Gruppe*, aber noch nicht *Sex* (als Wort).
*Sex* war damals noch angelsächsisch und bezeichnete Geschlecht. In den zwanziger Jahren kam das Wort in der Zusammensetzung *sex appeal* zu uns. Jetzt haben wir es, und zwar ohne jeden Appeal. Als hätten *Geschlechtlichkeit, Sexualität, geschlechtliche Aktivität* (all dies, nicht *Geschlecht*, bedeutet heute das Wort *Sex*) nicht genügt. Auch *sexy* finde ich nicht anziehend.
Zurück zur *Gruppe*!
Das Positive der *Gruppe* im neueren Sinn des Wortes ist die Auflockerung allzu starrer Ordnungen, also das Gegenteil der administrativen Gruppen bei Gräbern und Abonnenten, also etwa die Unterteilungen innerhalb von Schulklassen. Man läßt die starre Ordnung gar nicht erst aufkommen und tut sich als loser Verband, als Gemeinschaft ohne Apparat und Satzung zusammen. Die Programmlosigkeit wird zum Programm. Ja, aber auch die Programmlosigkeit als Programm kann erstarren. Und daß sie sich auch mit wohlorganisiertem Bankraub und Terror befaßt hat, hat der Institution namens *Gruppe* nicht gut getan.
In der Psychologie, in der Pädagogik, in der Medizin, in der – verzeihen Sie das harte Wort! – Soziologie mag die *Gruppe* als Begriff und Terminus, als Phänomen und Realität heimatberechtigt sein.
Im allgemeinen Sprachschatz geht sie mir bis *da*her.

Sie wissen vermutlich, was Zigarren sind. Sie wissen vermutlich auch, was Zigarillos sind. Sie wissen vermutlich auch, was *guerra* bedeutet. Aber wahrscheinlich wissen Sie nicht, was **guerilla** bedeutet. Und wissen Sie's doch, sind Sie vermutlich eine Ausnahme. Der Duden zum Beispiel weiß es. Aber der Dramatiker

Rolf Hochhuth zum Beispiel weiß es nicht. Hochhuth ist gegen die Kleinschreibung. Das ehrt ihn. Aber:
Zigarillos sind kleine Zigarren. Guerillas sind kleine guerras. Und da Sie vermutlich wissen, daß *guerra* mit *Krieg* identisch ist, werden Sie einsehen, daß *guerilla* ein kleiner Krieg ist, ein Kriegchen oder Krieglein, allgemein richtig als *Kleinkrieg* bezeichnet. Die Taktik des Kleinkriegs ist die Guerilla-Taktik, die Technik des Kleinkriegs ist die Guerilla-Technik. Aber der Krieger dieses Kleinkriegs kann nicht seinerseits *Guerilla* genannt werden, denn *Guerilla* ist ja der Krieg, das Krieglein, nicht das Kriegerlein.
In einem Krieg, mag er groß oder klein sein, kämpfen nicht Kriege, sondern Krieger. Man kann Kleinkrieger als Kleinkrieger oder als Partisanen oder als Freischärler oder als Heckenschützen oder als Widerstands- oder als Untergrundkämpfer bezeichnen. Man wird sie am besten als *Guerilleros* bezeichnen. Man wird besser nicht von einem *Guerilla-Krieg* sprechen oder schreiben, denn das ist ein Pleonasmus wie *Beautéschönheit,* aber man kann noch eher von einem Guerilla-Krieg, also einem Kleinkriegkrieg sprechen und schreiben als von *Guerillas,* wenn man nicht Kleinkriege, sondern Kleinkrieger meint, wie sie in der Tragödie ›Guerillas‹ von Rolf Hochhuth, uraufgeführt 1970 in Stuttgart und vielfach nachgespielt, die Vereinigten Staaten durch einen Staatsstreich kleinkriegen wollen.
Was an den Schauspielen ›Der Stellvertreter‹ und ›Soldaten‹ von Hochhuth stimmt und nicht stimmt, will ich nicht untersuchen; daß aber an der Tragödie ›Guerillas‹ von Hochhuth ganz gewiß nicht alles stimmt, ist mir klar. Der Titel, zum Beispiel, ist unrichtig.

Neujahr kommt gleich hinter Weihnachten, was die Frequenz und die leere Formelhaftigkeit der Wünsche betrifft.
Die *Frohen Ostern* und *Frohen Pfingsten* sind minder häufig und gehören auch in die Gattung der erfüllbaren Wünsche. Zum Himmelfahrtstag wünscht man nichts. Ihm folgen viele wunschlose Monate. Dann aber wünscht man *Frohe Weihnachten,* und die hat man vor allem deshalb nicht unbedingt, weil man so übermäßig viele Wünsche für frohe Weihnachten abliefern und entgegennehmen muß. Aber man wünscht doch immerhin, was sein könnte.
Doch wie vollzieht sich der **gute Rutsch**?
Dieser Wunsch ist relativ jung. Schiller hat Goethe keinen *Guten*

*Rutsch* gewünscht, Liszt hat Wagner keinen *Guten Rutsch* gewünscht, auch in den Briefen Rilkes an seine Freifrauen, Gräfinnen und Fürstinnen fehlt jede Andeutung des glückhaften Rutschens in die neuen Jahre.

Erst als eine der unseligen Folgen des verlorenen Kriegs dürfte der *Gute Rutsch* in die Welt getreten sein; und er hat sich zäh, beharrlich, zielstrebig verbreitet, soweit die deutsche Zunge reicht.

*rutschen* bezeichnet einen gleitenden Übergang. Also kann man weder von einem Jahr in das andere rutschen, noch rutscht das alte Jahr in das neue. Der Jahreswechsel vollzieht sich übergangslos, von einer Sekunde zur andern: ohne die Symptome des Rutschens wird die Grenze zwischen Neunzehnhundertsoundsoviel und Neunzehnhundertsoundsovielpluseins überschritten. Der Rutsch-Vergleich hinkt.

Außerdem ist die Gesinnung des Wünschenden angesichts des Jahreswechsels ja nicht derart, daß nur ein guter Übertritt gewünscht wird, daß die Wirksamkeit des Wunsches schon nach wenigen Sekunden erschöpft ist. Man wünscht ein komplettes gutes Jahr über den Beginn hinaus.

Aus diesen Erwägungen ergibt es sich, daß der *Rutsch-Wunsch* abwegig ist. *Alles Gute, Prosit, Viel Glück* mögen abgegriffen sein, immerhin sind sie nicht sinnlos – der *Gute Rutsch* aber ist die teuflische Ausgeburt extremer gedankenloser Sprachbarbarei!

# H

Ich **hänge** an meinem Beruf.
Ich *hänge* meinen Beruf an den Nagel.
Ich *hing* an meinem Beruf.
Ich *hängte* meinen Beruf an den Nagel.

**hautnah** sage ich nie, höre ich aber sehr oft. Gerade in den letzten Monaten ist eine förmliche *hautnah*-Inflation zu registrieren.
*hautnah* sagt sich gut; aber was soll es bedeuten? *Stadtnähe* bedeutet: in der Nähe der Stadt. *hautnah* heißt aber nicht: in der Nähe der Haut; und *hautnah* kann auch nicht heißen: so nah wie die Haut. Meine Haut ist mir nicht nah, sondern mehr als nah. Andere Häute aber sind auch nicht extrem nah von mir, außer in ganz bestimmten Situationen, etwa beim Clinch im Boxkampf.
Das, was derzeit gemeinhin immer wieder als *hautnah* bezeichnet wird, hat also eigentlich nichts oder fast nichts mit der Haut zu tun. Drum sage ich nie *hautnah*.

Die **heile Welt** mag ich, erstens, deshalb nicht, weil man das Adjektiv *heil* ja sonst kaum je verwendet; drum sind die positiven wie die höhnischen Hinweise auf die *heile* Welt unsachlich.
Die *heile Welt* mißfällt mir, zweitens, darum, weil es ja nie um die *Welt* gehen kann, sondern immer nur um einen Sektor der Welt. Drum sind die positiven wie die höhnischen Hinweise auf die heile *Welt* unsachlich.
Die *heile Welt* lehne ich, drittens, darum ab, weil das Ideal ja seit der Vertreibung aus dem Paradies nie mit absoluter, totaler, integraler Gesundheit und Ordnung, mit restloser Abwesenheit des Negativen, Ungesunden identisch war, weil selbst die bestmögliche aller Welten nie eine beste, sondern bestenfalls eine bessere war. Das antiquierte biedermeierische *heil* suggeriert das absolut Beste, um es zu negieren, es dementiert demagogisch, was nie behauptet worden ist; drum werden Hinweise auf eine *heile Welt,* ob positiv oder negativ, suspekt.
Die *heile Welt* wurde, viertens, vermutlich nicht von ihren Befürwortern, sondern von den Gegnern ihrer Befürworter erdacht.

Sie ist ein positives Schlagwort mit negativem Vorzeichen. Sie wurde konstruiert, um verspottet und denunziert zu werden. Das fühle ich mit Unbehagen, wenn die *heile Welt* ins Gespräch kommt.

Man hat mir etwas mitgeteilt, man hat mir etwas angedeutet, man hat mir etwas erzählt, erklärt, eröffnet ... das alles war einmal, vielleicht noch vor zehn Jahren, gewiß vor zwanzig Jahren.
In letzter Zeit aber hat man dies und das an mich **herangetragen.** Dabei wäre *tragen* nicht unnatürlich, denn in *zutragen* und *vortragen* ist es ja, zum Beispiel, schon längst Umschreibung des Mitteilens. Aber wer sagt noch *heran*? Welches Gewitter, das auf sich hält, naht heute noch *heran*? Gerade daß man gelegentlich jemanden oder etwas nicht an sich *heran* kommen läßt. Und im Zusammenhang mit *tragen* finde ich *heran* nicht tragbar, eine umständliche, unplastische, nicht sehr angenehme Redensart.

Da hat gewiß jemand einmal einen Scherz gemacht und hat **herauskristallisieren** statt *herausstellen* gesagt. Und vermutlich hat ein Anwesender gemeint, dies sei ein neuer, zulässiger Terminus. Es klang ja so schön wissenschaftlich. Und so sickerte die Mineralogie in den allgemeinen Sprachgebrauch ein, und längst sagt man auch jenseits der Gesteinsformen, daß sich dies und jenes und fast alles, was sich entwickelt und Form gewinnt, *herauskristallisiert,* von der Aufstellung der Nationalmannschaft über die neuen Tarife bis zur Reform des Parteiprogramms. Und man dürfte es doch äußerstenfalls sagen, wenn eine Analogie zur Kristallbildung diese Metapher zwingend nahelegt.

*wählen* bezeichnet den Vorgang und sein Resultat. Heute wird der Bürgermeister gewählt. Am Abend steht fest, welcher unter den Bewerbern der Gewählte ist.
Und was sind die anderen Bewerber um das Amt? Sie sind: die Nichtgewählten, die Unterlegenen, die Durchgefallenen.
Und was hat man die anderen Bewerber um das Amt? Man hat sie: nicht gewählt.
Hat man sie **hinausgewählt**? Nein, obwohl diese widersinnige Neubildung immer wieder wuchert, ebenso das gleich widersinnige *abwählen.*
Beide wären denkbar, wenn es bei der Wahl darum gegangen wäre, durch Abgabe eines Stimmzettels ausdrücklich jenen oder

jene Kandidaten namhaft zu machen, welche nicht Bürgermeister werden sollen.
Diejenigen, welche dem Sieger ihre Stimmen gaben, wählten zwar gegen den oder die anderen, aber sie wählten den oder die anderen nicht hinaus oder ab. Und die anderen Wähler wählten ihren Kandidaten hinein, wenn auch ohne Erfolg.
Wenn ich schwanke, ob ich die Hera, die Aphrodite oder die Pallas Athene preiskrönen soll, und ich gebe der Aphrodite den Apfel, habe ich die Pallas Athene und die Hera nicht hinauspreisgekrönt oder abpreisgekrönt. Wenn ich die Annunziata heirate, habe ich die Henriette und die Antoinette nicht abgeheiratet oder hinausgeheiratet.
Ich kann abdrängen und hinausweisen, denn dabei zeigen *ab* und *hinaus* dieselbe Richtung an wie *drängen* und *weisen*.
Wenn ich aber zwischen *hinauswählen, abwählen* und *nicht wählen* zu wählen habe, darf ich *hinauswählen* und *abwählen* nicht wählen.

*hinaus (→ hinauswählen)* bezeichnet die Richtung von mir fort.
*zögern* bezeichnet eine Tendenz in der entgegengesetzten Richtung.
*hinaus:* vorwärts, *zögern:* rückwärts streben.
Überdies ist *zögern* intransitiv: niemanden und nichts kann ich zögern, auch mich selbst nicht.
So kann ich also nichts **hinauszögern**, muß aber diesem Unwort immer wieder begegnen; ich selbst kann nur *zögern*, ich kann etwas *verzögern, hinausschieben* – und aus der illegitimen Verbindung dieser beiden Wörter *(→ Verdichtungen)* entstand der ungeratene und nicht lebensfähige Wechselbalg *hinauszögern*.

Jene Leute, welche so gern ausklammern *(→ ausklammern), nehmen* auch gern *hinein*. Wenn sie das Volkslied aus der Musiksoziologie nicht ausklammern, nehmen sie es in die Musiksoziologie hinein. **hineinnehmen** ist durchaus denkbar; aber *einbeziehen* ist auch kein Hund.

Wenn jemand **hinhaut**, will er verletzen und beschädigen (oder nimmt diese Möglichkeit zumindest in Kauf). Wenn ich höre, daß *etwas hinhaut*, fühle ich mich verletzt. Etwas *stimmt, glückt, gelingt* – warum wählt sich eine erfreuliche und positive Feststellung eine derart sadistische Ausdrucksform?

Scherze mit *hinter* sind infantil, ich weiß. Aber wenn ich dem Zeitwort **hinterfragen** ausgesetzt werde, bin ich zu derartigen Analismen geneigt. Den hintersten Regionen des jungen Vokabulars scheint *hinterfragen* entsprungen zu sein, aus dem Anus der deutschen Sprache ausgeschieden, um keine wie immer geartete Lücke auszufüllen. Es befriedigt keinen Bedarf, nicht einmal einen scheinbaren, es übt keinerlei Lockung aus, nicht einmal eine fragwürdige, es ist auch nicht aus dem Kauder- und Plauderwelsch eines Fachjargons angeschwemmt... genug! – wir wollen zu einem kräftigen Tritt auf *hinter* ausholen und künftig ohne *hinter*-Gedanken nur noch *nach etwas fragen* oder *etwas in Frage stellen.*

Daß wir **Hit** sagen, daran ist der Schlager schuld.
*hit* bezeichnet im angelsächsischen Bereich den Erfolg, sowohl das erfolgreiche Objekt als auch den erfolgreichen Menschen. (Drum schreiben die Übersetzer auch so gern *Ich bin ein Erfolg.*)
Der Gegensatz ist *flop* (Mißerfolg, Versager).
Wir hatten das adäquate Wort *Schlager* für das *erfolgreiche Lied,* darüber hinaus auch für den *Kassenschlager,* den *Verkaufsschlager.*
Dann aber weitete sich der Geltungsbereich des Wortes *Schlager* aus. Nicht nur das erfolgreiche Lied, die ganze Gattung wurde als *Schlager* bezeichnet, man redet von *Schlagerkomponisten,* von der *Schlagerbranche.* Den notorischen Bedarf nach dem Wort für den *erfolgreichen Schlager* deckt daher *Hit,* ist zum Fachausdruck geworden und als solcher bis zur nächsten Phase innerhalb des Fachjargons durchaus legitim.
In diesem Sinn rufe ich meinen schlagerkomponierenden Freunden zu *Heil Hit*!

Das Wort **Hobby** ist uns längst so selbstverständlich geworden wie das *Wochenende* und die *Filterzigarette.*
Das Wochenende hieß früher *Ende der Woche.* Die Zigaretten hatten damals noch keine Filter, sondern äußerstenfalls Mundstücke.
An *Hobby* stört mich vor allem, daß es meist ausgesprochen wird wie *happy* mit *o: Hoppy.*
Und manchmal stimmt es mich wehmütig, und ich bedaure, daß die große Hobby-Welle, die uns das neue Wort beschert hat, nicht früher begonnen hat, zehn Jahre hätten vielleicht genügt...

Als es zwar schon längst das Phänomen, aber nicht das neue Wort gab, als man Briefmarken, Münzen, Mineralien, Schmetterlinge sammelte und Pflanzen preßte, wurde dies alles und manches Ähnliche mit einem sehr liebenswerten Wort bezeichnet: *Steckenpferd.* Das Steckenpferd war vor etwa fünfzig Jahren noch ganz rüstig; und wäre schon damals die große Freizeit (auch ein sehr junges Wort)-Aufwertung gekommen, hätte heute jeder, der auf sich hält, kein Hobby, sondern immer noch ein Steckenpferd.
Und vielleicht hätte er dann auch statt der *Freizeit* entsprechend viele *Mußestunden.*

Die Leistungen der Arbeiter wurden durch eine Lohnerhöhung **honoriert**?
Schon das stimmt nicht; denn honoriert wird durch den gesamten Lohn, nicht durch die Erhöhung.
Die aufopfernde Tätigkeit wurde durch eine Verbesserung der Arbeitsbedingungen *honoriert*? Das stimmt ganz und gar nicht. *honorieren* bezeichnet nicht die Gegenleistung, sondern die Bezahlung. Überall dort, wo man heute in solchen Zusammenhängen das Wort *honorieren* mißbraucht, sage man *anerkennen.*

# I

**Ich bedanke mich**, indem ich *Danke* sage.
*bedanken* ist ein Akt. Das Wort *Danke* ist sein Ausdruck. Ich sage ja auch *Ja* und nicht *Das bejahe ich.* Und wenn ich schon unbedingt ein Verb bemühen will, um meinen Dank auszusprechen, sage ich *Ich danke.*
Dieses *Ich bedanke mich,* in den letzten Jahren mit steigender Frequenz auftretend, ist vor allem darum so problematisch, weil wir alle ja seit jeher gelegentlich höhnisch-ironisch zu sagen pflegen *Dafür bedanke ich mich,* wenn wir etwas ablehnen, wenn wir eine Zumutung von uns weisen.
*sich bedanken* ist also zweideutig. Sollte jemand, dem ich gefällig war, mit *Ich bedanke mich* reagieren, würde ich mich für diesen Ausdruck der Erkenntlichkeit bedanken.

Die Identität ist fragwürdig geworden, dies lehren uns nicht nur die Herren Stiller und Gantenbein in den Romanen von Max Frisch. Die Identität wird auch insofern gefährdet, als viele Zeitgenossen ihren Identitätsausweis als *Indentitätsausweis* bezeichnen; nicht minder arg aber ist es, daß man statt des probaten Adjektivs *identisch* oft der ungerechtfertigten Verkürzung *ident* begegnet. (Wird wohl in Analogie zu *präsent–Präsenz* und *relevant–Relevanz* und *signifikant–Signifikanz* auf dem Umweg über dieses Unwort **ident** demnächst die Identität zur *Idenz* verstümmelt?)
Ich weiß nicht, ob man *halbgebildet* steigern kann und, wenn ja, ob es *halbergebildet* oder *halbgebildeter, halbstgebildet* oder *halbgebildetst* heißen sollte; drum bezeichne ich *ident* als ein Symptom hochgradiger Halbbildung.

**Image** ist das Bild, aber nicht das Bild, das in der Gemäldegalerie hängt, sondern das Bild, das ich mir mache.
Der unaufhaltsame Einzug des *Image* in unser Vokabular hat vor allem einen schwerwiegenden Nachteil: den phonetischen.
Frauen und Männer deutscher Zunge (selbst die Bühnenkünstlerinnen und Bühnenkünstler!) können fast ausnahmslos gewisse englische, französische und italienische Wörter, welche *g* oder *j*

enthalten, nicht richtig aussprechen. George wird zu Tschortsch, Regime wird zu Reschim, Jazz wird zu Tscheß, Jim wird zu Tschim, Journal wird zu Schurnal, Jacques wird zu Tschack, Adagio wird zu Adatschio, Giovanni wird zu Tschowanni, leggiero wird letschero.

So klingt *Image* bei uns, als wär's ein *Match* mit einem *i* vorn.

Davon abgesehen, stört mich an *Image* wie an vielen Wortimporten seine überhäufige und allzu breite Verwendung. Aber es ist an sich ein brauchbares Wort, dem wir nichts Gleichwertiges, Gleichbedeutendes entgegenzusetzen haben. Und die Zusammensetzung *Image-Kosmetik* halte ich sogar für besonders witzig und treffend.

Man muß versuchen, *Image* zu definieren oder zu umschreiben; dann wird man merken, daß es einen Bedarf deckt.

Sokrates starb durch Gift. Aber er ist nicht umsonst gestorben.

Der Redner redete und redete. Endlich sagte er: Ich habe gesprochen.

Merken Sie sich, bitte, diese beiden Beispiele.

Dann werden Sie besser wissen, wann Sie das **Imperfekt** und wann Sie das Perfekt anwenden sollen.

O du lieber Augustin, alles ist in, Geld ist in, Sex ist in, Marx ist in, **in** ist in, o du lieber Augustin, alles ist in.

**in etwa** zehn Jahren werde ich noch immer nicht begriffen haben, warum etliche Leute *in etwa* sagen und manchmal sogar schreiben, wenn sie *circa, ungefähr* oder *etwa* ohne *in* sagen oder schreiben könnten und sollten. Aus der Schule weiß ich: Auf die Frage *wo*? steht *in* mit dem Dativ, auf die Frage *wohin*? steht *in* mit dem Akkusativ; aber keine Grammatik schreibt vor: Auf die Frage *wie lange*? oder *wieviel*? steht *in* mit *etwa*.

Vielleicht kommt dieses widernatürliche *in* daher, daß jene, welche es sich zuschulden kommen lassen, meinen, wenn sie *in* verwenden, seien sie → *in*. Mir fällt beim besten Willen keine andere Erklärung für diese befremdliche *in*-Zucht ein.

Wir sind in das Zeitalter der **Information** eingetreten. Und das äußert sich nicht nur in gesteigerter Information, sondern in gesteigerter Verwendung von *Information*. Ursprünglich Nachricht, Auskunft, Bescheid, Beantwortung von Fragen und Ähnliches bezeichnend, ist die Information als Wort über ihre Ufer getreten und hat jene charakteristischen Verheerungen angerichtet, welche der Inundation und Inflation eigentümlich sind. Die sprachliche Überschwemmung bringt es unter anderem mit sich, daß immer wieder eine reale Überschwemmung der Welt mit Information festgestellt wird; meist ist dabei das sehr gängige und durchaus akzeptable Wort *Explosion* anzutreffen. Nun haben sowohl Überschwemmung wie Explosion das an sich, daß man ungefragt und ungewollt ihr Opfer wird. Die sogenannte *Information* aber muß ich konsumieren wollen (→ *Angebot*). Ich kann mich ihr auch verschließen. Es hört sich gespenstisch an, wenn man hört, wie viele Stunden Information Rundfunk und Fernsehen täglich auf Horcher und Blicker loslassen. Aber erstens gibt es vorläufig noch wenige, die Radio und Fernsehen gleichzeitig konsumieren, zweitens kann man auch trotz eingeschaltetem Radioapparat nicht hinhören und trotz laufendem Fernsehen nicht hinhören (nicht hinschauen ist schon schwieriger), drittens kann man hinhören, aber nicht aufnehmen. Viertens aber bedeutet der Besitz der betreffenden Apparate ja nicht unbedingt, daß man sie ununterbrochen laufen läßt. Man kann – ich habe es neulich probiert und gesehen, daß es ohne weiteres möglich ist! –, man kann Radio und Fernsehen ja auch abdrehen.

Doch das führt vom Thema ab. Mitten in es hinein gehört die Feststellung, daß man früher *Lesestoff* sagte, *Kommentar* oder *Mitteilung* oder *Stellungnahme* sagte, auch *Bildung* und *Wissen*, *Bildungsgut* und *Wissensstoff* sagte man, und heute sagt man sehr pauschal und unzulässig verallgemeinernd und oft irreführend *Information*. Dabei wird zum Beispiel der Unterschied zwischen *Information* und *Interpretation* vernachlässigt. Die Meldung informiert, der Kommentar interpretiert. Natürlich kann man, wenn man will, alles in den großen Topf namens *Information* werfen. Die Schallplatte informiert mich über Musik und Text der ›Entführung aus dem Serail‹, die Vorstellung im Schauspielhaus informiert mich über ›Egmont‹ beziehungsweise über die Auslegung durch den Regisseur, der Leitartikel informiert mich über die Meinung des Redakteurs, der Zirkus informiert mich über die Kunstfertigkeit der Artisten, Bücher informieren mich über den Wortlaut der Gedichte Mörikes, Hesses, Weinhebers, andere Bücher über die Leistungen des Sherlock Holmes und des Inspektors Maigret ... und das Buch, in welchem Sie jetzt eben blättern, informiert Sie darüber, daß es nicht *Information* enthält, sondern Lesestoff und Wissensstoff.

**inputen** *und outputen dürfen nicht sein!* – Das sagte mein weitschichtiger Verwandter, der als Wolfgang in Wien geboren wurde und kürzlich als John Europa besuchte. Er hat in den Vereinigten Staaten mit Apparaten zu tun, aber er hat sich auch dort seine gesunde Beziehung zu der deutschen Sprache bewahrt.
Ich wies darauf hin, daß wir ja auch → *Computer* sagen. – *Ja, Computer, ja, aber inputen und outputen dürfen nicht sein!* – Sein Ton war leicht amerikanisch gefärbt, aber sein Deutsch war tadellos. Ich erzählte ihm, daß ich an einem Wörterbuch arbeite, und er nahm mir das Versprechen ab, in diesem Wörterbuch Front gegen *inputen* und *outputen* zu machen. Das tu' ich gern. Aber ich fürchte: ich kann keine Lösungen dieses Problems outputen, wenn ich auch noch soviel Energie in mich inpute.

**institutionalisieren** kann ich nicht leiden. *institutionalisieren* stört mich in den Texten anderer Autoren. *institutionalisieren* ist hochtrabend, *institutionalisieren* ist pseudowissenschaftlich, *institutionalisieren* ist im üblen Sinn modisch. Aber – was soll ich machen? – ich ertappe mich gelegentlich dabei, daß ich schwach werde und in Wort oder Schrift dem *institutionalisieren* erliege. *institutionalisieren* scheint institutionalisiert zu sein.
(Und neulich bin ich der *Entinstitutionalisierung* begegnet, und da ist mir angst und bang geworden.)

**integrieren** ist ein gutes Wort. Man sollte schonend mit ihm umgehen und ihm übermäßige Strapazen ersparen.
Ich wollte zwecks Entlastung schon mehrmals versuchen, *eingemeinden* in Umlauf zu setzen. Aber ich hatte Angst, daß *eingemeinden* rapid modisch werden und mir dann auf die Nerven gehen könnte. So hab' ich's gelassen.
Ich sage, wenn es halbwegs geht, *einbeziehen (→ hineinnehmen)*. Man kann gelegentlich auch *eingliedern* sagen.

# K

Dreht euch nicht um, die **Kleinschreibung** geht um! Von Zeit zu Zeit wird sie anfallsweise befürwortet, viele Vereine, Ausschüsse, Konferenzen empfehlen sie, ihre Anhänger eifern und geifern, schon das ist verdächtig, sie geben sich militant, sie sind nervös und reizbar, sie agitieren demagogisch und unsachlich, sie sind nicht nur für die Kleinschreibung, sondern vor allem gegen ihre Gegner, sie erwidern die Grüße alter Bekannter nicht, wenn diese sich gegen die Kleinschreibung ausgesprochen haben, sie sind eine schreckliche Gesellschaft, die meisten von ihnen sind sowohl Lehrer wie unbelehrbar.

Die Gegner der Kleinschreibung sind nicht organisiert, sie agitieren nicht, sie agieren kaum, sie reagieren nur, wenn man sie fragt, was sie von der Kleinschreibung halten. Dann sagen sie: *Nichts.* Und sie begründen diese ihre Ablehnung.

Meist wird nicht für dic Kleinschreibung, sondern für die Rechtschreibreform *(→ Rechtschreibreform)* agitiert. Diese kann und darf jedoch mit der Kleinschreibung nicht vermengt werden.

Die Kleinschreibung soll unter anderem eingeführt werden, um den Lehrern ihr Amt zu erleichtern. Also müßte man auch gewisse komplizierte Operationen abschaffen, um den Chirurgen das Leben zu erleichtern.

Die Kleinschreibung soll unter anderem eingeführt werden, weil die Schüler angeblich auf Grund statistischer Erhebungen gerade bei der Großschreibung viele Fehler machen. Also müßte auch die Bruchrechnung und müßten die unregelmäßigen Verben abgeschafft werden, weil die Schüler da gleichfalls viele Fehler machen. Abschaffen, was den Schülern Mühe macht – welch ein Gesichtspunkt, nein, das ist schon kein Gesichtspunkt mehr, das ist geradezu ein Standort!

Unsere Großschreibung hat gewiß allerlei Kapriziöses und Ungereimtes an sich, dagegen ließe sich gewiß Abhilfe denken, vor allem die Freigabe der Grenzfälle:

Man dürfte dann *im Allgemeinen* und *im allgemeinen* schreiben, beides wäre zulässig, man dürfte *der erste* und *der Erste* am Ziel sein, und *manches andere* beziehungsweise *manches Andere* in dieser Art würde der Gleichberechtigung teilhaft.

Jeder Autor hat ja seine Orthographie und kann sie seinem Verleger vorschreiben*, auch Redaktionen haben gewisse Normen ausgearbeitet. Wenn allerdings ein Autor und eine Redaktion orthographisch aneinandergeraten, kann's krachen; aber warum soll es zwischen Autoren und Redaktionen nicht auch orthographisch krachen?

Regeln sind von großem Nutzen. Aber eine Regel kann ja auch darin bestehen, daß in manchen Fällen mehrere Varianten zulässig sind.

Man darf ja längst kleinschreiben. Man soll weiter dürfen, man soll nur nicht müssen. Manche Autoren machen Gebrauch von unserem Kleinschreib-Liberalismus, und da zeigt es sich, daß Texte dieser Art sich nur mit Mühe lesen lassen. Man muß Widerstände überwinden, welche im Lauf der Lektüre nicht geringer werden. Kleingeschriebene Texte kann man nicht überfliegen. Die betreffenden Autoren nehmen das in Kauf, sie beabsichtigen es sogar. Der Leser soll gleichsam mitarbeiten, um den Text aufzunehmen. Das ist ein durchaus achtenswertes Prinzip. Ich weiß nur, daß ich Texte solcher Art meide, nicht nur die Gedichte von Stefan George, die mir wohl auch sonst nicht sehr nahegehen würden, sondern auch dann, wenn mir die betreffenden Autoren sympathisch sind. Ich gehe nicht mit Widerwillen an sie heran, aber alsbald stellt sich Widerstand ein.

Ich weiß auch, daß die literarische Kleinschreibung (wie fast alles, was sich in unseren Jahren progressiv gibt) schon längst im Hausrat unserer Urväter vorhanden wär: Fortschritt aus der Mottenkiste. Hans Arp verfaßte kleingeschriebene Verse. Adolf Loos, der geniale Vorkämpfer und Vorläufer des neuen Bauens und Reformator des Lebensstils, schrieb klein. Meine fanatische Bewunderung für Adolf Loos ist weit intensiver als meine Ablehnung der Kleinschreibung. Aber ich kann die Schriften von Adolf Loos nicht lesen.

Welche besonderen Probleme des Verständnisses die Kleinschreibung brachte, zeigen einige Beispiele. Es gibt deren noch zahlreiche andere.

* Ich hatte, ehe dieses Buch (für die Erstausgabe) in Satz ging, eine bedeutende, wenn auch beiderseits liebenswürdig ausgetragene prinzipielle orthographische Kontroverse mit dem von mir hochgeschätzten Fritz Hofer vom Artemis-Verlag und setzte meinen Willen durch, wofür ich auch an dieser Stelle aufrichtig danke

| *Kleinschreibung* | *Heutige Schreibung* |
| --- | --- |
| Die welt geht ihren willkürlichen gang, in dem das zufällige schicksal heißen mag, das schicksal die miene des zufalls annimmt. | Die Welt geht ihren willkürlichen Gang, in dem das Zufällige Schicksal heißen mag, das Schicksal die Miene des Zufalls annimmt. |
| Mit dieser möglichkeit, daß himmlische mit irdischen frauen kinder zeugen und diese sich dann schon bei der geburt von allen andern unterscheiden, ist damals ernsthaft gerechnet worden. | Mit dieser Möglichkeit, daß Himmlische mit irdischen Frauen Kinder zeugen und diese sich dann schon bei der Geburt von allen andern unterscheiden, ist damals ernsthaft gerechnet worden. |
| Es sollen nicht bettlägerige senile, asoziale kriminelle und schubweise depressive ärzte und pfleger gleichzeitig in anspruch nehmen. | Es sollen nicht bettlägerige Senile, asoziale Kriminelle und schubweise Depressive Ärzte und Pfleger gleichzeitig in Anspruch nehmen. |
| Jene schweizer, die den deutschen boden verkaufen ... | Jene Schweizer, die den Deutschen Boden verkaufen ... |
| Es galt für selbstverständlich, daß ein über ein buch gebeugter geistlicher lektüre oblag. | Es galt für selbstverständlich, daß ein über ein Buch Gebeugter geistlicher Lektüre oblag. |

Aber das alles (das Alles) ist es nicht eigentlich. Man könnte uns Antikleinschreiber als Unbelehrbare, Konservative, Reaktionäre abtun, die sich in der Geschichte der Menschheit jedem Fortschritt widersetzt haben.
Aber das ist es nicht.
Sondern es ist das:
Wir leben in einer Zeit, die das gelesene Wort sowieso in die Defensive drängt. Das gesprochene Wort und das Bild dominieren. Die neckischen Männlein und Weiblein auf den Türen der Toiletten sind ein Symptom für eine weltweite (nein, das ist kein gutes Wort!), für eine allgemeine Entwicklung. Sogar in diesem Buch ersetzt der Hinweispfeil, das Zeichen, die fünf Buchstaben *siehe*!

Lesen ist nicht mehr selbstverständlich. Drum darf Lesen nicht erschwert werden. Und dieses Postulat spricht nicht für, sondern gegen die Reform der Anfangsbuchstabenschreibung.
Denn wenn von heute an alle Hauptwörter mit kleinen Anfangsbuchstaben geschrieben werden, werden alle Kommenden alle kommenden Bücher mühelos lesen können, doch alle Texte, die bis gestern gedruckt worden sind, werden für alle Kommenden alsbald nur mit Mühe und gegen starken Widerstand lesbar sein – wie das Kleingeschriebene heute für uns.
Man wird die Neuerscheinungen in der neuen Orthographie drucken, aber man wird gewiß nicht den ewigen Vorrat des Denkens und Dichtens in deutscher Sprache neu herausgeben, höchstens die gängigen sogenannten Standardwerke. Erkundigen Sie sich, was es kostet, ein Buch zu setzen und zu drucken und zu binden! Theodor Storm, Gottfried Keller, Adalbert Stifter, Eichendorff, Meyer, Fontane werden nicht mehr komplett in jener Form, welche man in den Schulen für das Leben mitbekommt, vorrätig sein. Ein Abgrund täte sich auf zwischen dem großen Bestand des Geistes, der Kunst und den Nachgeborenen. Hätte man die Absicht, alles Große in unserer Sprache seiner lebendigen Wirkung in die Zukunft zu berauben, man könnte es nicht geschickter und unauffälliger unternehmen.
Deshalb darf die Kleinschreibung nicht eingeführt werden.

*Das* **Klima** *ist schrecklich!*
*Das Arbeitsklima?*
*Nein.*
*Das innenpolitische Klima?*
*Nein.*
*Das Ostwestklima?*
*Nein.*
*Das Berlinklima?*
*Nein.*
*Das Währungsklima?*
*Nein.*
*Das Hochschulklima?*
*Nein.*
*Welches Klima meinen Sie denn?*
*Diese feuchte Hitze.*
*Ach so! Ich hab' gar nicht dran gedacht, daß Klima auch etwas mit dem Wetter zu tun haben kann.*

**Kokoschka** wird, bitte, auf der ersten Silbe betont. Und *Lehár* wird, bitte, auch auf der ersten Silbe betont. Wie übrigens seit mehr als tausend Jahren jedes ungarische Wort, also auch Dohnanyi.
In Schrift und Druck gebührt ferner Lehár wie Horváth, Béla Bartók, sogar Kálmán und manchem andern Ungarn der Akzent auf dem betreffenden Vokal.
Auch die Schreibweise gewisser slawischer Namen sollte korrekt sein, zum Beispiel Dvořák, Janáček, Křenek (obwohl Ernst Křenek selbst sich zum Krenek amerikanisiert hat).
Der Vorname Freuds ist *Sigmund* ohne *e*.
Und Richard wird zum Unterschied von Johann I., Johann II., Josef und Eduard nicht *Strauß*, sondern *Strauss* geschrieben.
Die Transkription russischer und sowjetischer Namen allerdings ist ein zu weites Feld, um hier mit einiger Aussicht auf Gelingen beackert zu werden. Igor *Strawinsky* zum Beispiel schrieb sich selbst völlig unrussisch mit *y*. Und schon Chatschatourian heißt mich die Waffen strecken.
Nur schüchtern am Rand: deutsche Namen, die mit *ow* enden, werden mit langem *o* ohne *w* ausgesprochen: *Büloh, Lützoh, Bredoh*. Das legt Norddeutschen eine Analogie bei russischen Namen nahe. Doch halt: man sagt *Korsakof, Godunof, Rmanof*.
Aber, wie gesagt: das Russische ist für uns auch phonetisch eine harte Nuß. Wir bemühen uns, Französisches, Angelsächsisches, Italienisches original auszusprechen. Schon beim Spanischen hapert's aber. Angesichts des Holländischen versagen wir; sonst würden wir *Rübens* sagen. Und wollten wir Russisches original aussprechen, riskierten wir, nicht verstanden zu werden, etwa *Patjomkin* (Potemkin) oder *Bariss* (Boris).
Doch getrost! Die Ungarn übersetzen sogar fremdländische Vornamen in ihre Sprache und sagen *Büchner Györgyi, Strauß János, Schubert Ferenc*. Die Franzosen sagen *Büschneer, Mosaar* und *Schübeer* und betonen *Picasso* auf der letzten Silbe.
Wir hingegen sagen nicht *Josef Verdi* (obwohl ich einst sogar dieser Eindeutschung begegnet bin), nicht *Kajetan Donizetti*, nicht *Moritz Ravel*, nicht *Andreas Gide*, aber wir machen aus dem Komponisten Smetana einen *Friedrich*, aus den Hauptgestalten der ›Verkauften Braut‹ einen *Wenzel* und *Hans* (und dem entspräche ein *Jan Sachs* auf der tschechischen Opernbühne), wir nennen den Komponisten Tschaikowskij *Peter*, den Grafen Tolstoj *Leo* statt *Lev*, und ein korrekt auf der zweiten Silbe betonter *Ivan* hat Seltenheitswert.

Allerdings: die Orthographie fremdsprachiger Familiennamen tasten wir nicht an. Die Franzosen aber gehen so weit, rumänische Eigennamen aus Gründen der Salonfähigkeit zu verändern. *Cul* (sprich *cü*) heißt *Popo.* Und ein prominenter rumänischer Gast darf in Frankreich keinen Popo hinten haben. So staunte ich, als einst der Name des rumänische Politikers *Gafencu* in Frankreich *Gafenco* geschrieben wurde, um nicht *Gafencü* ausgesprochen zu werden. Und drum geht der große, ursprünglich rumänische Dramatiker *Jonescu,* der Franzose wurde, als *Ionesco* in die Literaturgeschichte ein.

Wohin **kommen** die stimmlichen Reize der Sängerin bei der Gilda-Arie?
Zur Entfaltung.

**Kommunikation** gehört in das Fachvokabular unserer Modewissenschaften und wurde von dort in das modische Alltagsvokabular katapultiert. Bei dieser Gelegenheit wurde uns auch das Adjektiv *kommunikativ* beschert.
Im Alphabet kommt gleich nach der *Kommunikation* der *Kontakt,* ursprünglich auch ein Fachausdruck, aber längst in der Sprache verwurzelt, sachlich und nicht pseudowissenschaftlich. Im Rang käme *Kontakt* vor *Kommunikation. kommunikativ* aber sollte überhaupt nicht kommen, es wäre denn in einer Parodie auf intellektualistisches Gerede. Was immer gesagt werden soll und dazu des Wortes *kommunikativ* zu bedürfen scheint, wird besser ohne dieses Wort oder gar nicht gesagt.

Hiermit sehe ich mich vor eine bedeutende Aufgabe gestellt.
Sie besteht darin, zu erklären, warum dieser Satz besser ist als: Hiermit sehe ich mich mit einer bedeutenden Aufgabe **konfrontiert.**
Er ist es keineswegs darum, weil *konfrontieren* und *Konfrontation* seit längerer Zeit aus unserer Prosa hervorschießen wie die Pilze aus feuchtem Boden. Auch *Wirtschaft,* auch *Protest,* auch *Aggression,* auch *Vorrang,* auch *Intensität* und zahlreiche andere Wörter sind häufig anzutreffen, und gegen ihre Häufigkeit etwas einzuwenden, wäre töricht.
Aber zum Unterschied von den genannten Beispielen ist die *Konfrontation* sehr häufig fehl am Ort.
Ich glaube zu wissen, woher das kommen könnte. Man verwech-

selt *Konfrontation* mit zwei anderen Wörtern, welche gleichfalls mit *Kon* beginnen: *Konflikt* und *Kontroverse.*
*Konfrontation* ist die von einem Außenstehenden herbeigeführte Gegenüberstellung zweier oder mehrerer Personen. Man konfrontiert den Angeklagten mit einem Zeugen, man konfrontiert zwei Zeugen miteinander.
Wenn man sagt, daß der Westen mit dem Osten konfrontiert wird, stimmt das Wort, falls ein neutraler Dritter Repräsentanten des Westens und des Ostens zu einem Streitgespräch eingeladen hat. Am Eisernen Vorhang oder am achtunddreißigsten Breitengrad aber stehen die beiden Gegner einander gegenüber. Sie sind nicht mit einander konfrontiert, außer man meint: die Weltgeschichte oder Gott habe sie hier miteinander konfrontiert.
Wenn man befürchtet, es könnte an einer Grenze oder an einer Waffenstillstandslinie zu einer *Konfrontation* kommen, meint man keine Gegenüberstellung, sondern einen Konflikt oder eine Kontroverse, also ist *Konfrontation* fehl am Ort.
Wenn der Lehrer dem Schüler eine Aufgabe stellt, konfrontiert er ihn mit ihr, aber besser sagte man: er stellt ihn vor eine Aufgabe oder er stellt sie ihm. Der Forscher, der sich einer Frage, einem Problem stellt, sieht sich angesichts dieser Frage, dieses Problems nicht mit der Frage, dem Problem *konfrontiert.*
Die *Konfrontation* ist weder ein Zusammenstoß noch ein Gegenüberstehen, sie ist immer ein Gegenübergestelltwerden. Und *konfrontiert* ist man nicht, *konfrontiert* wird man.

Sparsamkeit ist eine Tugend, aber sie kann übertrieben werden. Warum sparen etliche Leute mit der kleinen harmlosen Silbe *vi,* was hat sie ihnen getan? Warum hört und liest man in letzter Zeit immer wieder **Konservatismus** statt *Konservativismus*? Noch immer ist man konservativ, nicht *konservat.* Wenn diesem *Konservatismus* nicht ein Riegel vorgeschoben wird, macht er gewiß Schule; dann haben wir keinen Primitivismus mehr, sondern einen *Primitismus,* ebenso einen *Atasmus* als Spitznamen des Atavismus – und von dort zum *Dat* statt des Dativs und zum *kategorischen Imperat* wär's dann nur ein Schritt.

Würde man nicht **kontaktieren** sondern *kontakten* sagen, wäre es etwas weniger arg. Denn das englische *contact* ist ein Substantiv (Berührung, Fühlung) und zugleich ein Verb (berühren, in Fühlung kommen). Aber unser Verb hat von einem unseligen anonymen Sprachschöpfer die Allerweltsendung *ieren* bekom-

men, die eher einer Entlehnung aus dem Französischen zukäme.
Außerdem ist *kontaktieren* eine überflüssige, wenn auch nicht unbedingt eine bösartige Neubildung. Der klassische Nörgler Travnicek hätte angesichts von *kontaktieren* ausnahmsweise recht mit seinem *Was brauch' i dös?*

Haben Sie je *gekontert*? Ich habe noch nie *gekontert*. Aber ich lese oft, daß *gekontert* wird. Und ich weiß nicht, was das bedeuten soll. Das kommt vermutlich daher, daß alles Nautische und Maritime mir so fremd ist. Denn in diesem Bereich gibt es den *Konteradmiral*. Das ist gewiß ein Admiral, der kontert. Aber niemand sagt mir, wie **kontern** geht.
Im Jargon der Reporter wird *kontern* im Sinn von *antworten, replizieren* verwendet. Ich bin dem *kontern* oft begegnet, aber noch jedesmal über es gestolpert. Ich kann mich an *kontern* nicht gewöhnen, geschweige denn mir *kontern* angewöhnen, ich kann mich mit *kontern* nicht einmal abfinden.
Kartenspieler sagen *kontrieren*, wenn sie *kontra geben*. Aber das hilft uns nicht über die Sphäre des Kartenspiels hinaus.
Und ebensowenig ist *kontern* über die Sphäre des Reporter-Jargons hinausgedrungen. Wäre dies der Fall, spräche es gewiß noch nicht für die Daseinsberechtigung des Wortes; daß es aber nicht der Fall ist, spricht gewiß eindeutig gegen *kontern*.
Ich lasse *kontern* lediglich als Druckfehler für *kentern* gelten.

**Konzept** ist *Entwurf*. *konzipieren* ist *entwerfen*. Der Redner konzipiert die Rede, die Regierung konzipiert ihr Programm. Ist das Konzept ausgearbeitet, dann ist das Ergebnis kein Konzept mehr, sondern eine Rede beziehungsweise ein Programm.
Der Regisseur hat ein Konzept. Er will in Wagners ›Tannhäuser‹ die Lage der thüringischen Heimarbeiter darstellen, in Rossinis ›Barbier‹ die Ladenschlußzeiten im spanischen Friseurgewerbe. Wenn die Oper Premiere hat, ist nicht das Konzept, sondern seine Umsetzung oder die Inszenierung zu rühmen oder zu tadeln.
*Konzept:* die vorausgehende Überlegung, die Vorarbeit, nicht ihr Ergebnis.

Die Aktion betrat das Podium, dankte für Applaus, klemmte die Geige unter das Kinn, stimmte, gab dem Begleiter ein Zeichen, wartete den Einsatz ab und spielte.
Als die letzte Draufgabe dargeboten, der letzte Beifall ver-

klungen war, fragte die Aktion: *Bin ich jetzt eine* **konzertierte Aktion**? – Aber man konnte ihr die Freude nicht machen und mußte die Frage verneinen. Die Aktion hatte konzertiert; und wer konzertiert hat, kann ebensowenig konzertiert sein, wie eine Sitzung, die stattgefunden hat, eine → *stattgefundene* Sitzung sein kann.
Wie ist man, wenn man konzertiert ist? Ich weiß es nicht. Und so weiß ich auch nichts mit der so oft anzutreffenden *konzertierten Aktion* anzufangen.
*concertare* heißt *wetteifern, streiten, kämpfen.* Eine konzertierte Aktion wäre demnach eine gewetteiferte, gestrittene, gekämpfte Aktion.
Das *europäische Konzert der Großmächte* war im vorigen Jahrhundert der mehr oder weniger harmonische Ausdruck des politischen Wetteiferns, Streitens, Kämpfens. Die Politik war damals vielleicht als *konzertierend,* besser: als *konzertant* zu bezeichnen, sie ist heute eher dissonierend oder dissonant, aber sie ist heute nicht dissoniert und war damals nicht konzertiert.
Ich hege den Verdacht, daß ein Druckfehler aus einer *konzentrierten* eine *konzertierte* Aktion gemacht hat. Oder es war ein Lesefehler.
Ich habe als Kind *Displizin* statt *Disziplin* gesagt. So hat vielleicht ein kindischer Erwachsener einmal von einer *konzertierten Aktion* geredet, und die anderen Kinder plappern es ihm nach.

Zwei englische Wörter haben es mir angetan. Das eine haben wir bereits adoptiert: **kooperativ.**
Ich meine nicht die gleichnamige Institution der Konsumgenossenschaft, die Kooperative, denn die heißt ja bei uns, wie gesagt, *Konsumgenossenschaft* oder *Konsum* (zwar keine schöne, aber eine längst verbreitete, unausrottbare Abkürzung).
Ich meine die Bezeichnung der Hilfsbereitschaft, aber eben doch nicht eigentlich der Hilfsbereitschaft, sondern der Bereitschaft und Befähigung zur Zusammenarbeit. Eine gute Sache, ein gutes Wort. Jemand ist *kooperativ* – wie sollte man's anders sagen?
Das zweite englische Wort, das mich fasziniert, ist nicht in unseren Sprachschatz aufgenommen. Das ist schade, aber erklärlich. Denn *selfconscious* spricht sich zu mühsam und schreibt sich zu umständlich für deutschsprachige Zungen und Federn.
(Fremdsprachige Zungen und Federn werden sich ihrerseits zum Beispiel an dem *tschspr* in dem Wort *deutschsprachig* die Zähne ausbeißen.)

*selfconscious* sagt, daß jemand seiner selbst bewußt ist, aber nicht im positiven Sinn *selbstbewußt,* sondern im Sinn von *gehemmt, befangen, verkrampft,* und keines dieser drei Wörter trifft die Bedeutung von *selfconscious* exakt. Was soll man machen? Wir trösten uns damit, daß auch unsere Sprache über Wörter verfügt, um die uns andere Sprachen beneiden – oder beneiden sollten, zum Beispiel *Weltanschauung,* zum Beispiel *Erlebnis.*

Der unbekannte Erfinder, dem wir **kreativ** verdanken, war nicht sehr schöpferisch.

Die Kürze fühlt sich übergangen. Auf Seite 22 habe ich die *Bälde* und die *Gänze* gegeißelt, und die Kürze fragt beleidigt: *Warum nicht auch mich?* Verzeihung!
Die Kürze ist, laut ›Hamlet‹ (deutsch von Schlegel-Tieck) *des Witzes Seele,* aber *in Kürze* ist eines von den → *Wörtern, die um eine Nummer zu groß sind,* so häßlich und umständlich und antiquiert wie *in Bälde* und *zur Gänze.*

# L

Ein *Or* von Georg Friedrich Händel?
Ein *Mor*, weil das Geld knapp geworden ist?
Ein *Sanat*, um Kranke zu heilen?
Nein, nein, nein!
Warum dann **Labor** statt *Laboratorium???*

**lauthals** will ich nicht analysieren, gegen *lauthals* will ich weder ernsthaft noch scherzhaft polemisieren, *lauthals* will ich nicht einmal beschimpfen. *lauthals* darf's ganz einfach nicht geben.

Was **legt** ein kosmetischer Chirurg auf eine unsichtbare Narbe?
Größten *Wert.*

Wenn dieses Wörterbuch auch möglichst überregional gemeint ist, bitte ich um Erlaubnis, den **Lieblingsfehler** der Wiener hier trotzdem zu präsentieren, obwohl ich weiß, daß ich damit in dem Wind spreche.
Schon manchen Gesprächspartner habe ich Ratschläge gegeben, sogar einen Musiker, der aber trotzdem weiter von den Strauß-Walzer ›Rosen aus den Süden‹ gesprochen hat, ohne den geringsten Hemmungen.
In Anfang dieses Jahrhunderts war das noch etwas anderes. Aber wir leben ja in Zeitalter der Bildungsexplosion. Seit den Ende des Zweiten Weltkriegs sind rund drei Jahrzehnte vergangen. Also kann niemand einen Notstand die Schuld geben.
Und doch: in Fernsehen und in Radio hört man oft, was einer den Reporter antwortet. Und mancher, den man's nicht zutrauen würde, weicht den Dativ aus, mit den er doch nach den Verlassen der Schule hätte vertraut sein müssen. War er denn, statt den Unterricht zu folgen, nur in Kaffeehaus, in Kino oder bein Match? Steht ihn denn niemand nahe, der ihm auf diesem Fehler aufmerksam macht? Diese Situation schreit nach einen radikalen Wandel. Ich rufe jeden Wiener, der das liest, zu: *Verstanden?*
Chor der Wiener Leser: *Ja, wir haben Ihnen verstanden.*

Wo **liegt** diese Behauptung mit der bisherigen Erfahrung?
*Im Widerspruch.*

Wenn **Lyrik** wirbt, kann Unsterbliches entstehen: Liebes- und Werbelieder von Horaz und Catull über Goethe bis in unser Jahrhundert.
Wenn die Werbung lyrisch wird, ist's fürchterlich!
Werbende Lyriker finden oft neue Wörter, und das kann herrlich sein.
Wenn lyrisch gestimmte Werbefachleute neue Wörter erfinden, wird's gräßlich (→ *Musen*).
Bekannte Bestandteile unserer Sprache können uns durch die lyrische Marktsprache ebenso verekelt werden wie die angepriesenen Objekte. Ich benütze nur Zahnpasten und Seifen, welche Fernsehen und Hörfunk in sauberer Sprache rühmen. Aber das ist Geschmacksache.
Jenseits allen guten Geschmacks ist jedoch das Quellen bösartiger Neubildungen aus der Textretorte. Wehe jenen, welche die Antiwörter *kuschelig, fruchtig, knackig, schäfchenweich* zur Welt gebracht haben. Ich würde ihnen gern auf gut deutsch meine Meinung sagen; aber was nützte es, zu ihnen in einer Sprache zu sprechen, die sie nicht beherrschen?!

# M

**Manager** ist kein erwachsen gewordener Teenager in den besten Mannesjahren, sondern ein leitender Organisator, und wir werden das Lehnwort, das ihn als solchen bezeichnet, nicht so bald loswerden, auch wenn es sensiblen Ohren wehtut *(→ Image).*
Ärgerlicher als er ist das von ihm abgeleitete Verbum; dieses tut nicht nur akustisch, sondern vor allem optisch weh. Es hat die angelsächsische Herkunft noch nicht überwunden und ist doch in die deutschsprachige Konjugation einbezogen, es hat die abnormen Merkmale des Zwitters, wenn es sich als *gemanaged* präsentiert. Sagen wir doch lieber *organisiert, eingerichtet,* vielleicht sogar *aufgebaut,* obwohl auch dieses Wort mich nicht sehr erbaut.
Und wenn wir schon bei den deutsch-englischen Zwittergebilden angelangt sind, wollen wir auch das *checken* beseufzen, das einst *kollationieren* hieß und den Vergleich des Abgeschriebenen mit der Vorlage, der Durchführung mit dem Projekt bezeichnet, aber in der Form *gecheckt* ebenso widernatürlich wirkt wie das Partizipium eines Fernseh-Fachausdrucks: *gesponsort.*

**manipulieren** ist ein Elementarereignis. Man kann sich *manipulieren* ebensowenig widersetzen wie einem Erdbeben oder einer Wasserhose. Wer *manipulieren* abschaffen oder auch nur leise reduzieren wollte, könnte mit gleichen Aussichten auf Erfolg versuchen, *und* abzuschaffen oder auch nur leise zu reduzieren. Man wird ihm vorwerfen, daß er mit *manipulieren* manipulieren wollte.
Jeder sagt, daß alle manipulieren. Alle sagen, daß jeder manipuliert.
Was unter *manipulieren* zu verstehen ist, dürfte als bekannt vorausgesetzt werden. Weniger herumgesprochen hat es sich, daß auch die Verwendung des Begriffs *manipulieren* als *manipulieren* zu bezeichnen ist. Das Wort *manipulieren* hockt, zum Sprung geduckt, und ist sofort überall dort zur Stelle, wo jemand nicht einverstanden ist. Was du nicht willst, daß man dir tu', dem füge das Odium des *manipulierens* zu!
Wer bei einer Tanzunterhaltung mit Fräulein Inge und nicht mit

Fräulein Ingrid tanzt, der manipuliert. Und umgekehrt. Wenn die Mutter ihren drei Kindern Schnitzel auf die Teller legt, und die Schnitzel sind nicht gleich groß, und sie gibt dem Franz ein größeres Stück als dem Fritz, dann manipuliert sie. Und umgekehrt. Wenn der Herr Lehrer den Schüler Karl nach Rudolf I. fragt und den Schüler Kurt nach Rudolf II., dann manipuliert er. Und umgekehrt. Wenn der Programmdirektor des Rundfunks für den Sonntag die Vierte von Brahms und für den Montag die Erste von Schumann ansetzt, dann manipuliert er. Und umgekehrt.

Und wenn ich das alles feststelle, dann manipuliere ich. Überhaupt: Wann immer wer immer etwas tut oder nicht tut, sagt oder nicht sagt, anordnet oder nicht anordnet, und es besteht die Möglichkeit, daß andere damit nicht einverstanden sind, dann manipuliert er. Und erst im Grab manipuliert man nicht mehr. Und selbst das ist nicht zweifelsfrei erwiesen.

**Marketing** ist ein englisches Wort. Es ist, zum Unterschied von anderen englischen Wörtern, immer noch ein englisches Wort, auch mitten in einem deutschen Satz. Es ist nicht in unsere Sprache integriert wie *fair* oder *Nonsens* oder *Cocktail* oder auch, wenngleich nicht so zwingend, *Drink*.

Die Sprache hat *Marketing* nicht angenommen. Man kann sich's nicht so einfach machen. Sonst könnte man ja auch sagen *Sei not stupid und go away.*

Wenn das, was *Marketing* bedeutet, schon sein soll, dann soll es *Marktforschung* oder *Marktanalyse* heißen.

(*Marketing,* schreibt mir eine Dame aus dem Kanton Bern, sei nicht *Marktforschung* und nicht *Marktanalyse,* sondern *der Inbegriff allen wirtschaftlichen Handelns,* also ein der Marktforschung und der Marktanalyse übergeordneter Begriff. Eine Dame aus Klosterneuburg [Niederösterreich] telephoniert mir, *Marketing* sei die auf Grund von Marktforschung und Marktanalyse gestaltete Verkaufsstrategie. Ich stelle meine Behauptung gern richtig. Dessenungeachtet aber scheint mir *Marketing* unschön. Ich wäre glücklich über ein besseres Wort.)

**Marktlücke** soll man nur sagen, wenn man von Berufs wegen zwingend dazu verhalten ist. Die *Marktlücke* füllt keine wie immer geartete Lücke. Denn ehe ein aberwitziger Teufel sie auf den Markt warf, gab es schon den *Bedarf,* das *Bedürfnis,* die *Nachfrage* und etliche Möglichkeiten der Umschreibung dessen, was die *Marktlücke* sich auf scheußliche Manier auszudrücken unterfängt.

Als ich noch ein Knabe war, rein und ohne Falte, da waren *Medien* noch Personen, welche hypnotisiert wurden. Heute sind sie Institutionen, welche uns angeblich hypnotisieren: Zeitungen, Schallplatten, Bücher, Rundfunk, Fernsehen. In dieser Eigenschaft heißen sie **Massenmedien**.
Die Massenmedien treten – wen wundert das? – auch in der Sprache massenhaft auf.
Daran stört mich zweierlei. Es gibt, erstens, keine anderen Medien; die wissenschaftlichen Bücher, die Fachzeitschriften, die Gedichtbände müßten doch auch Medien sein, nur eben ohne *Massen*; was sind sie, wie heißt man sie? Minimedien? Elitäre Medien? Gottbehüte! *(→ elitär)*. Oder sind sie gar keine Medien? Da stimmt etwas nicht.
Der Plural *Medien* würde, zweitens, dringend einen Singular benötigen. Wenn Zeitungen, Film etcetera Massenmedien sind, was ist dann der Film allein? Ein *Massenmedium?* Das pluralische Auftreten des Begriffs macht mich mißtrauisch gegen seinen überhäufigen Gebrauch.
Sind Bücher, sind Zeitschriften zum Beispiel Massenmedien oder nicht? Sowohl als auch. Also ist das Wort unpräzis. Bei welcher Auflagenhöhe liegt die Grenze? Bezeichnet *Massen* die Verbreitungsdichte oder die Massen, an welche das Medium sich wendet? Ist zum Beispiel der Hörfunk heute ein Massenmedium? Wo sind die Massen, die Vivaldi und Vorträge über Hegel hören? Ist denn die Zeitung ein Massenmedium? Wer liest die politischen Kommentare, den Wirtschaftsteil? Und der Film? Neulich wollte ich ins Kino gehen und betrat einen Supermarkt.
Sind Schallplatten ein Massenmedium? Selbst wenn sie massenhaft gekauft werden: werden sie massenhaft gespielt? Selbst wenn sie massenhaft gespielt werden: werden sie massenhaft gehört?
Die *Massenmedien* schlägt man, das Fernsehen meint man. Warum sagt man dann *Massenmedien* und nicht gleich *Fernsehen*?

Wissen Sie, was *Bewegung* ist?
Wissen Sie, was *Beweglichkeit* ist?
Kennen Sie die Redensart *in Bewegung geraten?*

Wissen Sie, was *Anpassungsfähigkeit,* was *Bereitschaft zur Veränderung* ist?
Ja? – Warum sagen Sie dann so oft **Mobilität**?

**Modelle** werden sehr gern getragen. Man könnte nachgerade von einer *Modell*welle, einer *Modell*explosion sprechen.
Das ist natürlich für das Wort *Modell* gefährlich. Aber ich kann nicht anders, Gott helfe mir, ich wüßte nicht, wie das *Modell* in den meisten Fällen zu ersetzen wäre. Manchmal durch *Vorbild, Beispiel, Entwurf.* Seltener durch *Muster.*
*Muster* kann *Vorbild* bedeuten, *Vorlage,* auch *Ornament.* Daß es zwischen *Vorlage* und *Vorbild* changiert, kann ein Reiz sein.
*Musterknabe* und *Musterschüler* liegen als Hypothek auf dem *Muster.* Und das junge *Verhaltensmuster* ist ungut, wenn man an *Tapetenmuster* und *Schnittmuster* und *Musterkollektion* denkt und an das kleine Stück Stoff, aus welchem man auf das Ganze schließt.
*Muster* in modischen Verwendungsarten wird bei einer rigorosen Musterung nicht als tauglich befunden werden. *Modell* hat viel häufiger Modellcharakter.
Man kann meistens *Modell* sagen, wo man heute so gern *Muster* sagt; aber man kann selten *Muster* sagen, wo man heute so gern *Modell* sagt.
Allerdings sollte man *Vorbild, Beispiel, Entwurf* nicht einmotten.

Mir ist ja **Moderator** als Fernseh-Terminus nicht sehr angenehm. Ich bin ihm gegenüber aber wehrlos, weil er offiziell als ein solcher eingeführt ist.
*moderieren* löst in mir andersartige Assoziationen aus. *moderieren* bedeutete einst *sich mäßigen, sich abregen. Moderier Er sich!* riet man dem Erregten, als unsere besten Lehnwörter noch aus dem Französischen, nicht aus dem Englischen und Amerikanischen kamen.
Aber *Moderator* und *moderieren* sind im Fernseh-Deutsch *zementiert.* Gegen sie ist daher kein Kraut gewachsen. Wohl aber könnte man noch versuchen, *zementieren* dort zu konfinieren, wo es am Platz, weil wörtlich und nicht bildlich verwendet ist: im Baugewerbe.

Um vieles bin ich herumgekommen. Ich hatte nie Scharlach, ich wurde nie verhaftet, ich wurde nie überfallen, ich habe das Wort

**Motivation** nie verwendet. Höre oder lese ich *Motivation*, spiele ich innerlich ein reizvolles Spiel: ich erfinde Wörter mit *ation*, die es gleichfalls nicht geben dürfte: *Parallelation, Psychotisation, Perpendikulation, Alleatorisation, Relativation* ... Aber man muß bei kleinen Späßen dieser Art sehr vorsichtig sein! Spricht man so ein Wort auch nur einmal in Gesellschaft anderer aus, hört sich der Spaß auf, und das Wort ist nicht mehr aufzuhalten. Es gibt schon genug Wörter mit *ation*. Viele brauchen wir, auch *Automatisation*. Denn diese unterscheidet sich von der *Automatisierung*. *Motivation* ist aber nichts anderes als *motivieren, Motivierung*. Es gibt *Ursache, Anlaß, Motiv, Antrieb, Veranlassung, Grund* und noch einige andere Wörter zur Auswahl, jedes von ihnen kräftiger, anschaulicher, persönlicher, gesünder als die präfabrizierte *Motivation*.
*motivieren* heißt *begründen, erklären, ein Motiv nennen*.
Man motiviert, man hat motiviert, aber weder *wird* noch *wurde jemand motiviert*. *Jemanden motivieren* ist ein Schaustück aus der großen Horror-Parade des jungen Vokabulars.

**Musen** schwebten um das Haupt des Dichters, gelegentlich nur drei bis vier, dann wieder alle neune. Von Zeit zu Zeit holten sie auch Apollon, den Strahlenden, herbei, ihr Walten zu segnen. Der Dichter war in sphärische Entrücktheit gefallen, er atmete schwer, er rang mit dem Engel seiner Inspiration, seine schöpferische Spannung stieg allmählich ins Maßlose ... dann aber, dann löste sich alles ... selig und dankbar der Musen und Apollons gedenkend, die ihn olympisch beflügelt, schrieb er mit dem Kugelschreiber auf das DIN-A-4-Blatt: *frischwärts*.

# N

**nach** oben, unten, außen, innen ... das alles darf sein, ich will es nicht abschaffen, nicht bekämpfen, nicht einmal abwerten, ich möcht' nur ein ganz kleines bisserl was zu bedenken geben. Und man soll mir in diesem Zusammenhang, bitte, nicht meine österreichische Herkunft vorwerfen!
Denn Schillers Jungfrau von Orleans ist ja auch nicht an der schönen blauen Donau zuhause gewesen, sondern in Württemberg, und sie hat zwei Zeilen vor ihrem Tod nicht ausgerufen *Nach oben, nach oben, die Erde fliegt zurück*, sondern *Hinauf, hinauf*.
Es gibt gewiß Gegenbeispiele gegen dieses Gegenbeispiel, ich weiß.
Ich weiß auch, daß ich in diesem Zusammenhang eine noch viel persönlichere Meinung äußere als bei vielen anderen Stichwörtern dieses Abgewöhnungs-Kompendiums. Aber versetzen Sie sich, bitte, in meine Lage: Ein Verleger läßt Sie über alle jene sprachlichen Probleme schreiben, die Ihnen am Herzen liegen. Würden Sie da nicht auch, ein einziges Mal, ein lebenslanges Credo mit einbeziehen, eine Meinung äußern, selbst wenn Sie zugeben müssen, daß sie vermutlich eine vorgefaßte Meinung ist?
Was mich betrifft: Ich bin noch nie nach oben gegangen, sondern immer hinauf, ich habe noch nie nach unten geblickt, sondern immer hinunter, ich bin nicht nach innen gekommen, sondern hinein, ich habe unerwünschte Gäste hinaus, nicht nach außen befördert. Ich will auf dieser meiner Marotte nicht weiter herumreiten, ich möchte nur zwei, zugegebenermaßen demagogische Fragen stellen:
Wenn Sie einen lästigen Eindringling nicht länger bei sich dulden wollen, rufen Sie *Nach draußen*?
Und wenn es klopft, rufen Sie *Nach innen*?

**nachvollziehen,** rief mir eine Hörerin in Zug zu, als ich bat, mir junge Wörter zu nennen, welche man in die Schranken weisen sollte. Wie recht hatte sie!
Was Kant oder Heidegger dachten, kann nicht jeder *nachvollziehen*? – wieso *nach*, wieso *voll*, wieso *ziehen*?

Nicht jeder kann mitdenken, nicht jeder kommt mit, für manchen sind Kant und Heidegger zu schwierig. Andere können den Gedanken folgen, nehmen die Gedanken auf, sie können verstehen, was die Autoren meinten. Aber da wurde von den Philosophen nichts vollzogen oder gar vorvollzogen; also vollzieht auch der Leser nichts und vollzieht schon gar nichts nach. Wer das Wort *nachvollziehen* im angedeuteten Sinn gebraucht, verdient Strafe. Und wenn er sich dem Vollzug der Strafe durch Flucht entzieht, muß man warten, bis man seiner habhaft wird, um die Strafe an ihm nachzuvollziehen.

Das **Nahziel** hat den Schönheitsfehler, daß es an *Nazi* anklingt. Und ich mag das Wort *Nazi* nicht. Ich habe es nie verwendet, weil es mir verniedlichend, verharmlosend scheint. Ich habe immer *Nationalsozialist* gesagt. Und drum – ich weiß, wie ungerecht ich bin – mag ich auch *Nahziel* nicht, obwohl es wirklich nichts dafür kann. Ich bin sogar noch viel ungerechter: Ich mag auch *Fernziel* nicht, obwohl es noch viel weniger dafür kann, weil es nie das Wort *Fernzi* als Abkürzung für den *Fernzonalsozialisten* gegeben hat.

*nichtsdestoumso* sagen Witzbolde gelegentlich; und noch weiß jeder, daß es sich um einen Scherz handelt.
Aber daß **nichtsdestotrotz** gleichfalls einst von einem unseligen Spaßvogel in die Welt gesetzt wurde, weiß nicht mehr jeder; denn man hört dieses schauerliche Wort schon von durchaus seriösen, völlig humorlosen Leuten in ernsten Zusammenhängen.

Als ihm die Eva beigegeben worden war, seufzte Adam *Das Paradies ist jetzt auch nimmer das, was es einmal war!*
Sie ist also fast so alt wie die Menschheit, die **Nostalgie.** Nur der Name ist jünger.

# O

**Ödipus** ist an allem schuld!
Man kann die Psychologie und Psychiatrie in die Umgangssprache einlassen: *Verfolgungswahn, Platzangst, Autosuggestion, Aggression* zum Beispiel. Man soll nur beim Einlassen einschlägiger Fachausdrücke vorsichtig sein (→ *Fehlleistung*) und vor allem zweien den Eintritt verbieten:
Ödipus stand sehr gut mit seiner Mutter und weniger gut mit seinem Vater. Diese komplexe Situation nannte Freud den *Ödipuskomplex.* Das war, wie immer bei Freud, eine gute Wortprägung, aber es war folgenschwer, denn damit wurden dem *Komplex* Türen und Tore geöffnet, die ihm nicht zukommen. Er ist eine ganz bestimmte Konstellation, keine Krankheit, kein Leiden, kein Symptom, keine Unart. *Das ist ein Komplex bei mir,* solche und ähnliche, häufig zu hörende Äußerungen überschreiten das zulässige Höchstmaß an Vulgärpsychiatrie.
Ähnlich ist's mit dem *Tic.* Dieser ist eine dem Willen nicht untertane Abfolge von Bewegungen, das Zucken von Gesichtsmuskeln etwa oder Kopfwendungen. Sonst nichts!
Wer seinen Wortschatz unbedingt seelenkundlich anreichern will, sage *Neurose* und *neurotisch.* Das Risiko, daß irgend etwas, was es auch sei, heutzutage keine Neurose, nicht neurotisch sein könnte, ist sehr gering.

# P

Das **Packet** gehört eigentlich nicht hierher. Es ist einer der beliebtesten Schreibfehler in deutscher Sprache. Einer der zweitbeliebtesten ist *erschrack.*

Das ist kein Zufall; denn unsere Orthographie hat ihre schauerlichen Inkonsequenzen. Warum muß man ein Paket ohne *c* mit *c* packen? Soll ich mit *c* erschrecken, wenn ich ohne *c* erschrak? Wieso ist dem Toten mit *t* eine tödliche Verletzung mit *d* beigebracht worden? Warum sprieße ich mit *ß* und niese mit *s*?

Ich habe mich oft gegen die Rechtschreibreform gewendet (→ *Rechtschreibreform),* aber eigentlich immer nur gegen die Reformer, nicht gegen die Reform. Die Reformer wollen den Lehrern das Leben erleichtern, statt den Schreibern das Schreiben zu erleichtern.

Sie sollten gegen *Packet* und *erschrack* etwas Vernünftiges unternehmen, gegen *tot – tödlich* und *sprießen – niesen* und vielerlei andere Ungereimtheiten. Sie könnten die *tz-z*-Zweigeleisigkeit *Geiz – sitzen* reformieren. Adalbert Stifter hat diese *tz-z*-Reform für sich selbst beschlossen, er hat *hezen* und *Gesez* geschrieben. Und nicht nur, weil er mir lieb ist (das würde auch für Adolf Loos gelten, → *Kleinschreibung*), sondern weil ich umfangreiche Texte in dieser Orthographie gelesen habe, kann ich feststellen, daß die vereinfachende *tz-z*-Vereinheitlichung ohne weiteres akzeptabel ist.

Hier hätten die Rechtschreibreformer ein weites Betätigungsfeld; aber nein, sie wollen uns nur die Großbuchstaben verbieten, der Teufel hole sie!

Ein ganzes **Paket** von Maßnahmen?

Das Wesentliche des Pakets ist: daß es in eine Emballage gehüllt, eben *verpackt* ist. Gesetze, Verordnungen, Protokolle in größeren Mengen wären besser als *Bündel* zu bezeichnen, wenn schon ein Bild strapaziert werden muß; Maßnahmen kann man beim besten Willen nicht verpacken und verschnüren.

Ich denke an das offiziell so genannte *Südtirol-Paket,* eine Anzahl von legislativen und administrativen Akten, die Zug um Zug von Italien und Österreich auszuführen waren, segensreich für beide Partner, weil endlich nach fünfzig Jahren Einigkeit und Friedlichkeit und Versöhnung verwirklicht wurden ... aber was für ein gräßlicher Terminus! Das Südtirol-Paket Zug um Zug! Es gibt seither auch andere Pakete, zum Beispiel das *Sozial-Paket* ... Das klingt so flott, so neuzeitlich, und der Politiker, der's erfunden hat, war sicher sehr stolz auf sein Paket, und die anderen waren ihm neidig und haben sich beeilt, das *Paket* gleichfalls zu verwenden. Es trägt sich gut, das Paket, es spricht sich leicht und flüssig aus, es wirkt ... ich bin versucht, zu sagen: *schnittig*. Trotzdem würde ich aber in diesem Zusammenhang dringend raten: Man soll *das Paket* aufgeben!

Als ich einst in englisch geschriebenen Kongreß-Berichten immer wieder von dem **Papier** *(paper)* eines Kongreß-Teilnehmers las, statt von seinem Vortrag, seinem Referat, seinem Diskussionsbeitrag, war ich sehr verwirrt. Denn wenn man auch von Leuten, die nicht eben quicklebendig und überschäumend sind, scherzhaft sagt *Er sprüht Leder* oder *Er sprüht Papier*, ist es doch nicht recht denkbar, daß man die Rede, die einer hält, *Papier* nennt.
Heute weiß ich's besser. Es ist denkbar. Dieser Sinn von *Papier* hat längst die deutsche Sprachgrenze überschritten, und *Papier* (oft auch *Arbeitspapier*) ist inzwischen bei uns ein Synonym für *Entwurf, Memorandum, Exposé, Denkschrift, Protokoll* geworden.
Mit Papier kann man vielerlei anfangen, man kann es nicht nur bedrucken; man kann sich nicht nur in es schneuzen, man kann sich in es nicht nur den Mund wischen ...
Was möchte ich mit *Papier* in dieser neuen Bedeutung wohl anfangen?
Ich möchte es in die englische Sprache rückexportieren.

*party* sagen die Engländer und Amerikaner. Als wir es noch nicht sagten, habe ich sie auch um dieses Wort beneidet, eigentlich nicht direkt um das Wort, sondern darum, daß sie über einen Ausdruck verfügen, der uns mangelt.
*Fest* ist unbrauchbar. Und *eine Gesellschaft geben* freut niemanden so recht. Außerdem ist die *Gesellschaft* (→ *Gesellschaft*) schon so überfordert, daß sie mit allen Mitteln entlastet werden muß. Wie also nennen wir es, wenn ich einige Freunde zu mir bitte, auf daß wir miteinander Speisen und Getränke konsumieren, scherzen, plaudern, vielleicht tanzen, vielleicht Spiele spielen?

Eine *Einladung?* Nein, diese ist die Anbahnung der Veranstaltung und nicht das Ergebnis. Und *Empfang* ist etwas anderes. Die Altvordern hatten die *Soiree*, die *Assemblee*. Die Vordern halfen sich mit unbeholfenen Umschreibungen (*auf gemütlich zum Kaffee*, im nördlichen Deutschland der zwanziger Jahre gang und gäbe – *nach dem Nachtmahl*, schrecklich!).
So mußte **Party** aus *party* werden, unübersetzbar und unersetzlich. In einigen Jahrzehnten werden wir entweder ein besseres Wort haben oder *Party* wird keine Reste von Fremdartigkeit mehr an sich haben, sondern in unsere Sprache aufgenommen sein wie die Ex-Fremdwörter *Apparat, Temperatur, Tablette, Praxis.*

Irgendeiner hat sich irgend einmal an seine Studienzeit erinnert, und dabei ist ihm die Institution der **Pflichtübung** in den Sinn – das wäre noch nicht so arg –, aber auch in den Mund und aus dem Mund heraus gekommen. Und wie's schon so geht mit den Vokabeln: man hört ein Wort, das unpräzis, aber eindrucksvoll ist, man findet es neuartig und so schön jung und hält es für up to date, man erliegt der Faszination der anspruchsvoll großspurigen Ungenauigkeit, man verwendet es auch, um ja nicht hinter der Zeit zurückzubleiben, das Modewort rauscht, das Modewort schwoll, und bald sagt jeder *Pflichtübung* und denkt nicht daran, daß dieser Terminus nicht mehr und nichts anderes zu bedeuten hätte als eine im Vorlesungsverzeichnis registrierte und im Hörsaal abgehaltene Übung, deren Besuch für Studierende in einem bestimmten Stadium des Studiums, analog zu Pflichtvorlesungen, obligatorisch ist.
Was ist aus der Pflichtübung nicht alles geworden?! Sie ist an die Stelle der *lästigen Pflicht* getreten, sie wird überall dort strapaziert, wo nicht echtes Engagement (beinahe hätte ich nicht *Engagement* geschrieben, sondern das häßliche Fremdwort *Einsatz*), sondern nur äußerliche Pflichtschuldigkeit konstatiert oder vermutet wird – vielleicht hat sie sich so rasant verbreitet, weil sie an *Ausübung einer Pflicht* anklingt – aber was hilft's? Nicht ihrer akademischen Herkunft wegen, sondern weil sie das, was gemeint ist, ungenau bezeichnet, ist sie außerhalb des Hochschul-Lehrbetriebs unerwünscht.

**Phrasen aus der Mottenkiste** (eine kleine Musterkollektion):
*Bedeutung beimessen?* Warum nicht *beachten, wichtig nehmen?*
*Zum Vorwurf machen?* Warum nicht *vorwerfen?*

*Den Sieg davontragen?* Warum nicht *siegen*?
*Die Oberhand behalten?* Warum nicht *gewinnen, siegen, rechtbehalten, der Stärkere bleiben, sich als stärker erweisen*?
*Jemanden in den Schatten stellen?* Warum nicht *jemandem überlegen sein*?
*Er fand an ihr Gefallen?* Warum nicht *sie gefiel ihm*?
*Es herrscht keine Klarheit?* Warum nicht *es ist unklar*?
*In Abrede stellen?* Warum nicht *abstreiten*?
*In Rechnung stellen?* Warum nicht *anrechnen, berechnen*?
*In Verlust geraten?* Warum nicht *verlorengehen*?
*In Augenschein nehmen?* Warum nicht *ansehen, betrachten, besichtigen, anschauen*?
*In Vormerkung nehmen?* Warum nicht *vormerken*?
*Zur Verteilung gelangen?* Warum nicht *verteilt werden*?
*In Gefangenschaft geraten?* Warum nicht *gefangengenommen werden*?
*Den Flammen zum Opfer fallen, in Flammen aufgehen?* Warum nicht *verbrennen*?
*In Betracht ziehen?* Warum nicht *erwägen*?
*In die Brüche gehen?* Warum nicht *zerbrechen, scheitern*?
*Seinen Anfang nehmen?* Warum nicht *anfangen, beginnen*?
*Sein Ende finden?* – Aufhören! Aufhören!

**plakativ** klingt großartig, eindrucksvoll, wirkt auffallend, geradezu plakativ.
Wer *plakativ* sagt, verleiht sich dadurch einen imaginären Professorentitel und fühlt sich wie ein Taschenbuchautor. Er macht nicht nur auf das, was er so bezeichnet, sondern auch auf sich aufmerksam. Seht her, was für ein toller Bursche ich bin: Ich sage *plakativ*.
Ein wirklich toller Bursche hat das nicht nötig. Er will gar nicht, daß man ihn für einen Professor hält. Er ist nicht nur skeptisch gegen alles groß Aufgezogene, sondern auch gegen dessen Bezeichnung durch einen Ausdruck aus der Werbebranche. Er verwendet *plakativ* äußerstenfalls dann, wenn er gegen diese Branche und ihre Auswüchse polemisiert.

Der Bonvivant trank Champagner, der Lebemann trank Sekt, der **Playboy** trinkt Whisky.
Der Bonvivant war ein Herr, der Lebemann war ein Mann, der Playboy ist ein Boy.
Und obwohl es bestimmt auch Frauen gibt, die das Leben ähn-

lich zu genießen pflegten und pflegen, kennen wir keine Bonvivante und keine Lebefrau. Auch das Playgirl wird viel seltener so genannt als ihr Boy-Pendant (und ist eher abwertend gemeint).
Ein geistreicher Mann hat sich einmal gewünscht, daß es wie Ausrufungszeichen und Fragezeichen auch ein Zeichen geben möge, das die Ironie anzeigt.
Gäbe es es, müßte der *Playboy* immer mit diesem Zeichen versehen werden. Er ist ein Kind des Journalismus mit der Literatur und in der Dreidimensionalität, selbst bei künstlichem Licht, nie ganz echt.

Als die Russische Revolution gesiegt hatte, revolutionierte sie auch das internationale politische Vokabular. Und als sie es revolutioniert hatte, bezeichnete sie es nicht mehr so, sondern nannte es *Politvokabular.* Sie verkürzte, sie verknappte, sie bescherte uns als Fachausdruck für Agitation und Propaganda die Neubildung *Agitprop.* Ich weiß nicht, wie Puristen des Russischen darüber denken; ich bin nicht entzückt von *Agitprop,* auch das Wort *Politbüro* begeistert mich nicht; doch das sollen die Russen untereinander ausmachen. Ich aber möchte meinerseits mit meinen Lesern ausmachen, daß in unserer Sprache die Verkürzungen von *Politik* beziehungsweise *politisch* zu **Polit** beziehungsweise *polit* ... also, sagen wir es gelinde: entbehrlich wären, zum Beispiel *Polittexte, Politsänger, Politliteratur, Politbroschüren* ... Was hat uns *ik,* was hat uns *isch* getan, daß wir sie unter den Tisch fallen lassen? Man spart durch diese Amputation weder entsprechend viel Zeit noch entsprechend viel Platz, um sie zu rechtfertigen. Sie ist fast so ärgerlich-häßlich wie die gängig gewordenen Abkürzungen *Porno* und *Krimi.*
Eine einzige Ausnahme möchte ich gelten lassen, ein einziges Wort schätze ich, obwohl es mit *polit* zusammengesetzt ist: das Wort *Kosmopolit.*

*Wer klopft?* fragte die Bevölkerung.
*Ich bin's.*
*Und wer bist du?* fragte die Bevölkerung.
*Ich bin die* **Population**.
*Was willst du hier?* fragte die Bevölkerung.
*Ich will an deine Stelle treten.*
*Das täte dir so passen! Bleib draußen!* sagte die Bevölkerung. *Wenn ich nicht allein ausreiche, habe ich immer noch die Einwohnerschaft, die mich entlasten kann.*

*Jetzt muß ich* **praktisch** *die Arbeit noch einmal machen.*
*Theoretisch nicht?*
*Doch.*
*Warum sagen Sie nicht »die Arbeit noch einmal machen«, statt »praktisch die Arbeit noch einmal machen«?*
*Läuft das nicht praktisch auf eins hinaus?*
*Ja, aber es läuft auch theoretisch auf eins hinaus, es läuft überhaupt auf eins hinaus, also ist »praktisch« nicht nur entbehrlich, sondern auch sinnstörend.*
*Ich soll also praktisch den Satz noch einmal sagen, ohne »praktisch« zu sagen?*
*Sie sollen ihn nicht praktisch noch einmal sagen, sondern noch einmal sagen.*
*Aber »praktisch« ist doch so praktisch.*
*Jetzt stimmt's!*
*Was stimmt jetzt?*
*Sie haben gesagt, daß »praktisch« so praktisch ist, und nicht, daß »praktisch« praktisch so praktisch ist.*
*Na und?*
*»praktisch« stimmt dort, wo die Praxis im Gegensatz zur Theorie steht, und dort, wo, im Gegensatz zu »unpraktisch«, etwas als bequem, handlich, günstig, zeitsparend und dergleichen bezeichnet wird. Wo »praktisch« aber als Adverb und sinnentleertes Füllwort gebraucht wird, findet ein in letzter Zeit bedenklich eskalierender Mißbrauch statt. Verstanden?*
*Natürlich. Das ist ja praktisch ganz einfach.*

*Präsent* ist ein altmodisches Wort für Geschenk. Aber das interessiert uns in diesem Zusammenhang nicht.
**präsent** bedeutet gegenwärtig *gegenwärtig, anwesend. Präsenz* ist *Gegenwart, Gegenwärtigkeit, Anwesenheit,* oft auch mehr. Die *Präsenz* des Schauspielers, Fachausdruck *Bühnenpräsenz,* sagt, daß dieser bestimmte Schauspieler auf der Bühne mehr als anwesend ist, daß er sehr *da* ist, daß sich sein Sein und Tun auf der Bühne intensiv auswirkt und stärker auf das Publikum wirkt als das Sein und Tun anderer Schauspieler.
Die Inthronisation der *Präsenz* im Reich unserer Sprache ist also berechtigt, denn nicht nur die äußerlichen Bezeichnungen *Gegenwart* und *Anwesenheit* decken sich nicht mit dem auszudrükkenden Sinn, selbst die *Gegenwärtigkeit* reicht nicht aus und würde eines Adjektivs bedürfen, um mit der *Präsenz* einigermaßen gleichzuziehen.

*Präsenz* als intensive Gegenwärtigkeit ist konzis und stimmend. Wenn aber amerikanische Truppen in Europa stationiert sind, ist *Präsenz* verschwendet. *Anwesenheit* genügt. Wenn ein Ausdruck mir entfallen ist, ist er mir nicht *nicht präsent*, denn das klingt großsprecherisch. Ich habe ihn vergessen, er ist mir entfallen.
*präsent* und *Präsenz* sind stille Teilhaber der Aufwertung des *Präsentators*, der *Präsentation*, des Präsentierens im Fernsehen. Gegen sie gibt es keine Abhilfe (→ *Fachausdruck*). Selbst wenn wir bessere Wörter vorzuschlagen hätten, hülfe uns das wenig. Ich kann ja auch einem Leutnant nicht sagen, daß *Leutnant* (ursprünglich *Lieutenant*) mir mißfällt und daß er sich künftig gefälligst *Platzhalter* nennen soll.
*vorstellen* ist aber, darauf muß ich apropos *präsentieren* gleich energisch hinweisen, *vorstellen* ist kein Ersatz und kein Äquivalent für *präsentieren*! *vorstellen* ist, im Gegenteil, eine böse Modekrankheit, ein Auswuchs, eine Entartung unserer Sprache geworden.
Wenn ich in diesem Zusammenhang eine Campagne starten wollte, dann nicht gegen *präsentieren*, sondern gegen *vorstellen*.
*vorstellen:* Menschen miteinander bekanntmachen, sie einander vorstellen – sich etwas in der Phantasie ausmalen, vergegenwärtigen.
*vorstellen* heute: In einer Pressekonferenz stellte der Minister das Gesundheitskonzept der Regierung vor. Die Firma stellt das neue Automodell vor. Der Vorstand des Instituts stellt eine neue Therapie vor. Die Schulbehörde stellt eine neue soziometrisch-audioplakative Unterrichtsmethode vor.
Bitte vielmals: warum nicht *zeigte*, *erläuterte*, warum nicht *führte vor* oder, in Gottes Namen, *präsentierte*?
*vorstellen*, ein gutes, edles, schönes deutsches Wort soll nicht in kleiner Münze am unrechten Ort verschleudert werden.

Eine Arbeitstagung wird sich mit dieser **Problematik** befassen. Mit der Problematik? Warum nicht mit dem Problem, mit den Problemen, mit dem Problemkreis? Oft hat man den Eindruck, daß *Problem* die Einzahl, *Problematik* die Mehrzahl ist.
Der Gegenstand, über den gesprochen wird, ist problematisch. Aber nicht darüber, daß er problematisch ist, nicht über sein Problematisch-Sein, also nicht über die Problematik wird gesprochen; dies ist Voraussetzung, nicht Inhalt des Gesprächs. Sein Gegenstand sind die Probleme.

Hier sehen wir eines der Probleme der neuen Sprache. Sie tendiert zu Wörtern, die ihr um eine Nummer zu groß sind.

**programmieren** muß man, ob man will oder nicht, denn man kann's nicht anders nennen (→ *Fachausdruck).*
Computer und andere Gebrauchsgegenstände werden programmiert, und das Wort ist, wenn man's recht bedenkt, nicht einmal so übel.
*programmieren* hat in seiner gut erfundenen Anschaulichkeit etwas Verführerisches und verlockt zur Anwendung über den vorgesehenen Zuständigkeitsbereich hinaus. Man genießt es lustvoll, wenn man von sich selbst oder einem Mitarbeiter sagt, man (er) sei auf dies oder jenes programmiert; es steckt auch ein Schuß Kulturkritik drin, wenn durch derartige Analogien Mensch und Maschine gleichgesetzt werden. Doch Vorsicht: wie leicht könnte das Wort ins Schiefe abgleiten und allzu banal werden!
Das *Programm* ist schon so weit. Es wurde von dem Neuankömmling *programmieren* in den Strudel der Neologismen mitgerissen.
*Programm* war ein bewährtes und unschädliches Wort. Politische Parteien, Regierungen, Verlage, Konzert-Zyklen hatten ihr Programm. Das Programm war im Bereich der Kunst sowohl das, was gespielt wurde, als auch die Broschüre, die es mitteilte. Im Programm des Philharmonischen Konzerts stand das Programm des Philharmonischen Konzerts, und wenn eine sinfonische Dichtung von Liszt, Dvořák, Strauss im Programm stand, hatte sie als sogenannte Programm-Musik ihr poetisches Programm.
Man macht ein Programm für den Abend, für das Wochenende, für die Ferienreise (ich würde empfehlen, bei *Programm machen* zu bleiben und nicht zu *programmieren*), der neue Abteilungsleiter, der neue Vereinspräsident entwickelt sein Programm, kurz: *Programm* war und ist überall dort wohl angebracht, wo es sich um einen Entwurf, einen Plan handelt, wo man *Vorhaben* sagen könnte, aber nicht soll, denn *Programm* ist hübscher und plastischer und kultivierter; *Vorhaben* hat etwas Barfüßiges, Lebensreformerisches, Vegetarisch-Rohköstlerisches und gehört in die Nähe des scheußlichen *Anliegen,* welches ein solches kompromittiert, wenn es es als ein solches bezeichnet.
*Programm* tritt aus seinen Ufern und gehört entsprechend eingedämmt, wo es mißbräuchlich in die neuzeitliche Werbung einbezogen wird.

Die Waschmaschine hat ihre Programme, für Wollstoffe, für bunte Stoffe, für Kunststoffe, was weiß ich, aber sie darf, sie ist ja eine Maschine.

Aber die Fabrik oder der Händler hat jetzt auch ein Waschmaschinen-Programm, die Küchenmöbel-Werber haben ihre Küchen-Programme, sie handeln ja mit *Küchen,* nicht mit Küchenmöbeln oder Küchenausstattungen, sagen sie, und sie haben nicht diverse Typen auf Lager, sie bieten Programme an, die Freizeit-Werber haben Gartenmöbel-Programme, sie alle meinen damit nicht, was sie zu erzeugen beabsichtigen, sondern was sie mir zu verkaufen beabsichtigen, also nicht ihr *Vorhaben,* sondern ihr *Auf-Lager-Haben.* Die Sport-Werber preisen ihre Fitneß-Programme an, die Wäsche-Werber ihre Säuglings-Programme. Soundsoviele Windeln, Tücher und Decken sind aber kein Programm, sondern, zum Beispiel, eine Garnitur – ebenso wie soundsoviele Messer, Gabeln und Löffel kein Programm sind, sondern Bestecke.

Wer sich an dieser Programm-Explosion mitschuldig macht, kommt sich neuzeitlich vor, ist aber in Wirklichkeit halbgebildet. (Oder sollte das kein Widerspruch sein?)

**prominent** ist heute fast schon ein Schimpfwort und war eigentlich nie ein wirkliches Adelsprädikat.

*prominent* verhält sich zu *bedeutend* oder *hervorragend* wie eine Neonröhre zu einem Kronleuchter.

**provozieren** ist in dem Augenblick, da dies geschrieben wird, sehr modern und wird es, fürchte ich, auch noch sein, wenn dies gelesen wird.

provozieren ist aber – anders als es die meisten, welche es ausüben und als solches bezeichnen, meinen – weder ein Übel noch eine Tugend. Denn das Wort ist wertneutral. In dieser Eigenschaft wird es mißverstanden und einseitig ausgelegt.

Dieses Schicksal teilt es mit anderen wertneutralen Wörtern, welche gleichfalls zu Unrecht längst eine negative Schlagseite haben: zum Beispiel *gegen,* zum Beispiel *kritisieren.*

Der Kritiker, der einen Sänger oder Schauspieler als grandios bezeichnet, kritisiert ja auch; wir denken aber bei *kritisieren* immer nur an Abwertung.

Man kann grausam gegen seine Feinde, aber auch freundlich gegen seine Angehörigen sein. *Gegen* bezeichnet ursprünglich nur die Richtung. Wer sich gegen Süden wendet, beschimpft

damit die Himmelsrichtung nicht. Aber das haben wir alle miteinander schon fast vergessen.
Und wenn wir sagen, daß einer provozieren will oder provoziert hat, sollten wir das nicht so einfach – jetzt hätte ich fast geschrieben *im Raum stehen lassen,* aber ich habe mir auf die Finger geklopft, dann habe ich mir die Brust geschlagen, dann habe ich ein Selbstgespräch geführt *Da siehst du's, wie leicht man dem erliegt, was man bekämpft! Diese präfabrizierten Kunststoff-Phrasen haben wirklich etwas Suggestives!*
Und wenn wir sagen, daß einer provozieren will oder provoziert hat, sollten wir es dabei nicht bewenden lassen, sondern fragen *Wen? Was?*
*provozieren* bedeutet *herausfordern,* und schon das ist wertneutral, bedeutet *auslösen, hervorrufen.* Und will ein Objekt. Dieses Objekt muß nicht unbedingt ein Opfer sein. Man kann den Lehrer provozieren, indem man ein Gesicht schneidet, man kann aber auch den Reichen provozieren, indem man ihn an die Bergpredigt erinnert. Der Arzt kann durch eine bestimmte Therapie die Entgiftung provozieren.
*provokant* ist allerdings immer negativ. Und *Provokateur* ist nicht jeder, der provoziert, sondern einer, der zu üblem Zweck provoziert, indem er etwa gegen das Regime hetzt, um dadurch andere Regimefeinde aus der Reserve hervorzulocken und zu entlarven. Wer derart provoziert, tut Übles, aber das Regime wird sein Tun segensreich nennen.
Auch die Amsterdamer *Provos* wollen provozieren, meinen das aber von ihrem Blickpunkt aus durchaus positiv.
Wer aggressiv ist, provoziert. Aber nicht jeder, der provoziert, ist aggressiv.

# R

**rationell** ist, zum Beispiel, ein Schnellkochtopf, weil er das gleiche Ergebnis wie ein konventioneller Kochtopf schneller und billiger erzielen hilft.
*rational* hingegen ist eine Erklärung, die der Vernunft entspringt (*ratio:* die Vernunft) und sich an die Vernunft wendet, sich nicht auf übernatürliche mystische Kräfte beruft.
Und das Pech dabei ist, daß man nicht die Hinwendung zur Vernunft, sondern die Steigerung der Zeit- und Kraft-Ersparnis *rationalisieren* nennt.
So tut *rational* sich schwer, wie ja die Vernunft im allgemeinen, und auf das hin kann man sich vielleicht leichter merken, daß *rational* mit der Vernunft zu tun hat.

Eine Frage steht im **Raum**. Wie macht sie das? Man stellt ein Problem in den *Raum.* Wie macht man das?
Können Sie sich noch an die seligen Zeiten erinnern, in denen die Fragen gestellt wurden, nicht in den Raum gestellt, sondern ganz einfach gestellt? Und solange eine Frage nicht beantwortet war, ist sie nirgends gestanden und war einfach unbeantwortet, ohne daß der Raum bemüht wurde.
Ich bin zugegebenermaßen allergisch gegen den *Raum.* Seit der Erfindung der Geopolitik, die an sich nichts Böses ist, die ihn aber ins Rollen gebracht hat, steht der Raum im Raum.
Zu Anfang des Jahrhunderts wollte das Deutsche Reich einen *Platz an der Sonne.* Das war ein rührender, wenn auch gefährlicher politischer Slogan. Dann begann mein Kaiser Franz Joseph den ersten großen Krieg. Als dieser verloren war, genügte der Platz nicht mehr, um zu bezeichnen, was Deutschland brauchte. Man war ein *Volk ohne Raum* geworden. Und damit fing die *Raum*-Pflege im politischen Vokabular an und griff weit über es hinaus.
Ich weiß, ich weiß: *Raum* ist dreidimensional. Wenn ich mich irgendwo befinde, wenn ich zum Beispiel einen Sitzplatz innehabe, fülle ich nicht nur die Sitzfläche, sondern auch entsprechend Raum aus. Trotzdem aber sagt man *Nehmen Sie Platz,* nicht *Nehmen Sie Raum.*
Der Warteraum ist ein Warteraum, der Luftraum ist ein Luft-

raum. Die Raumordnung und die Raumplanung könnten glücklicher benannt sein, aber sie heißen nun einmal so. Mir genügen *Grünflächen* in der Stadt, obwohl sich oberhalb des Bodens die dazugehörige Vegetation inklusive Luft befindet. Ich muß sie nicht *Grünräume* heißen.
Schließlich heißt der Stephansplatz ja auch nicht *Stephansraum.*
*Raum* hat, auch wo das Wort sachlich berechtigt ist, oft etwas Anspruchsvolles, leicht Überhebliches.
Ich weiß, ich weiß: *Raum* ist in der kleinsten Hütte ... Aber trotzdem sollten nicht alle Wege nach *Raum* führen.
Die Stadt Wien hat dreiundzwanzig Bezirke. Wenn im siebenten Bezirk ein Taxi benötigt wird, sagt die vermittelnde Dame der Funkzentrale in ihr Mikrophon: *Raum sieben.*
So wird, weit über die ihm behördlicherseits gewährte Konzession hinaus, der Taxifahrer zum Raumfahrer erhöht, und das überfordert ihn.

Die letzte **Rechtschreibreform** hat uns um die Jahrhundertwende das *h* nach dem *t* aus etlichen Wörtern entfernt.
In einem Gedicht ›Elegie auf den Tod eines Lautes‹ beklagt Karl Kraus den Verlust, er trauert um den *Thau,* den *Muth,* das *Thor,* die *Thräne,* den *Athem,* er beschimpft die Reformer als *Ab-ortographen,* er nimmt einen Schwund des Dehnungs-*h* vorweg *(erlos, werlos).* 1901 schreibt er in der ›Fackel‹: *Man kann sich die Rechtschreibung nicht von einer Regierung verordnen lassen, der das Rechtthun so völlig gleichgültig zu sein scheint.*
Seither sind Jahrzehnte vergangen, in denen über Rechtschreibreform viel geredet, aber nichts beschlossen wurde. Noch haben wir die *Ehre* und sind gegen sprachliche Degenerationserscheinungen nicht *werlos,* sondern wehrlos.
Sieh da: Jenseits von Regierungsverordnungen hat die Orthographie sich selbst verändert – ob sie sich damit selbst reformiert hat, wage ich nicht zu entscheiden.
In jungen Jahren empfand ich *Büro* als Barbarei und hielt verbissen an *Bureau* fest. Heute ist diese Schreibweise fast so überholt wie *zwey* oder *Thal.* Auch *ph* ist in der Defensive. Noch haben wir nicht den *Fosfor,* aber schon *fotografieren* wir.
Ähnlich wie sie ganz ohne erkennbare Pläne und Absichten gewisse Wörter annimmt, gewisse Wörter abstößt, ob es uns paßt oder nicht, verändert sie auch, wo es ihr angemessen scheint, das Gesicht der Wörter. Wer? Nennen wir sie *Sprache* oder *Vorsehung.*

Aus *Coaks* (ja, so haben wir das geschrieben) wurde *Koks,* aus *Cakes* wurden *Keks,* aus *Portrait* wurde *Porträt,* aus *Comité* wurde *Komitee,* aus *Crêpe* wurde *Krepp,* aus *Race* wurde *Rasse.* Ohne Verordnungen. Ich fürchte, daß auch *Frisör* nicht aufzuhalten sein wird. Warum er mich stören würde, während *Likör* (früher *Liqueur*) mich nicht stört, vermag ich nicht zu sagen.
Die normierte Rechtschreibung ist ja nicht von Anfang an dagewesen, sie ist sogar relativ jung; aber vielleicht ist sie doch auch schon alt genug, um sich langsam zurückzuziehen und ihren Wirkungskreis zu reduzieren. Nein, ich predige nicht orthographische Anarchie, aber einen weitergehenden orthographischen Liberalismus. Jeder, der in deutscher Sprache schreibt – das ist ja ihr besonderer Reiz –, schafft sich dabei seine eigene, persönliche Grammatik, seine eigene, persönliche Interpunktion, er gestaltet souverän seinen Wortschatz ... so kann und soll die Orthographie erst recht in eine Phase größerer Freiheit eintreten!
Die professionellen Reformer wollen die Silbentrennung reformieren. Solange sie uns die Großbuchstaben nicht antasten, mögen sie Silben trennen, wie's ihnen beliebt. Die Welt wird nicht einstürzen, wenn wir *da-rum* statt *dar-um, hi-nein* statt *hin-ein* schreiben, sogar den Übergang von *Manu-skript* zum *Manus-kript* könnte ich, wenn auch bitteren Herzens, hinnehmen, und den *Bot-schafter* wird man schon nicht zum *Botsch-after* degradieren.
Wenn man weitere Erleichterungen beschließen will, sollte man sich den *s*-Lauten zuwenden, sollte künftig *Grüße* und *Küsse, Straße* und *Gasse* vereinheitlichen und das etwas barocke *ß* pensionieren. Das Schrift- und Druckbild erlitte keinen irreparablen Schaden, die Lesbarkeit wäre nicht wesentlich beeinträchtigt, wie sie es auch zu Anfang des Jahrhunderts beim partiell abgeschafften *th* nicht war und auch bei der *tz-z-Reform (→ Packet)* nicht wäre.
Man wird *Maße* und *Masse,* auch wenn beide zu *Masse* werden, aus dem Zusammenhang agnoszieren können. Ebenso wie mir die plötzlich vorgeschriebene *aa-Waage* übertrieben scheint, denn den Wagen und die Wage kann man wohl aus dem Zusammenhang voneinander unterscheiden, auch wenn ihre Pluralformen einander äußerlich gleichen.
Vor der Unterdrückung des Dehnungs-*h* aber warne ich, wie schon Karl Kraus gewarnt hat, vor der totalen Vereinheitlichung von *f, v* und *ph* ebenso, vor der uniformen Reduktion des vielfachen *i* erst recht, auch vor der Abschaffung der Buchstabenver-

doppelungen. Wenn auch mancher Schulmeister gern ein ser geerter her lerer were – ich fende dis fiisch.

Sie haben keine Schwierigkeiten mit der *Heide,* Sie haben keine Schwierigkeiten mit der *Weide,* Sie haben keine Schwierigkeiten mit der *Seide,* aber mit der **Reideologisierung** hatten Sie jetzt eben Schwierigkeiten. Auch ohne vorangehende Heide, Weide und Seide wird jeder über sie stolpern. Drum soll man sie höchstens akustisch, aber nie optisch praktizieren. Das Äußerste, das man sich, geschrieben oder gedruckt, an einem derart harten *ei* leisten kann, ist die *Reintegration.*

Dem Reinen ist alles **rein**; aber nicht alles, was *rein* ist, glänzt.
*rein optisch, rein statistisch, rein zahlenmäßig* betrachtet – warum *rein*?
Was ist der Unterschied zwischen *zahlenmäßig gewertet* und *rein zahlenmäßig gewertet*? Die Formulierung ohne *rein* ist rein, die Formulierung mit *rein* nicht.
Reinschrift und Reingewinn unterscheiden sich von anderen Schriften und Gewinnen; die *rein optische Betrachtung* aber hat kein Gegenstück in einer *unrein optischen* oder einer *bruttooptischen* Betrachtung. In solchen Zusammenhängen verzichtet die saubere Sprache auf *rein.*

Ich **relativiere** dich, du *relativierst* mich, wir *relativieren* uns – oder *einander.*
Wie gut dieses Wort *relativieren* ist, wenn auch in letzter Zeit sehr häufig verwendet, ergibt sich aus der Schwierigkeit, *relativieren* zu definieren, zu umschreiben.
*relativieren:* die Reduktion eines Absoluten auf das Nicht-Absolute.
Durch die Einführung der englischen Sprache als internationale Sprache des Sports und der Luftfahrt wurde die Geltung der französischen Sprache als internationale Sprache relativiert. Aber Französisch ist die internationale Sprache der Diplomaten und der Post geblieben.
Durch ihren Konflikt relativieren die Union der Sozialistischen Sowjetrepubliken und die Volksrepublik China einander. Aber auch sich.

**relevant** ist für Lyriker alten Stils wesentlich als ein sehr brauchbarer Reim auf *Elefant.* Und *irrelevant* gibt Witzbolden Gele-

genheit, dem Gleichklang mit *ihr Elefant* Scherzhaftes abzugewinnen.
*Relevanz* ermangelt derartiger Annehmlichkeiten, ebenso *Irrelevanz.*
Als empfehlenswerte Auswege hat man *wesentlich* und *unwesentlich, erheblich* und *unerheblich* parat, aber *Wesentlichkeit, Unwesentlichkeit, Erheblichkeit, Unerheblichkeit* kann ich leider nicht mit gleich gutem Gewissen empfehlen.
Trotzdem bin ich gegen *Relevanz* und *Irrelevanz.*
Denken Sie, bitte, nach. Sie werden von Fall zu Fall gewiß auf brauchbare Lösungen kommen.

**Repression** sollte nicht vorkommen, weder der Tatbestand noch das Wort. Gegen den Tatbestand gibt es zahlreiche, wenn auch nicht immer effektive Sicherungen: parlamentarische Demokratie, Presse- und Meinungsfreiheit, Volksanwaltschaft, unabhängige Gerichte, Gewaltentrennung.
Gegen das Wort gibt es eine probate Sicherung: *Unterdrückung.*
Auf die *Repression* haben wir nicht gewartet, denn wir haben sie nicht gebraucht. Wir waren, wie man in Österreich sagt, nicht neugierig auf sie.
Der Haken ist nur: wir haben nichts Adäquates dem Eigenschaftswort *repressiv* entgegenzusetzen. Es macht mich depressiv, daß ich *repressiv,* ein Produkt aus der Wortfabrik der Soziologen, häufig lesen und gelegentlich sagen muß; doch ich kann es nicht einfach durch etwas Besseres substituieren *(Warum schreiben Sie nicht ersetzen, Herr Weigel? – Weil ich substituieren schreibe.)*; wenn man aber intensiv dazuschaut, kann man es fast immer auf dem Weg der Umschreibung eliminieren. Denn schön ist es nicht.

Neulich sagte ein Wiener Kommunalpolitiker, daß man Gebäude und Ensembles *beleben* müsse. Ich jubelte frenetisch, denn er hatte bei seinem städtebaulichen Tour d'horizon einen Bogen um **revitalisieren** gemacht.

Die **Romantik** hat abgewirtschaftet?
*fangfrische Fische, hautfreundliche Crème, bügelarme Hemden, rieselfreudiges Salz …*
… und sowas nennt sich Zeitalter der Information!

Habt Mut zu *hinter*!
Man geht *vorwärts,* man ist vorn. Man ist nicht *vorwärts.*
Man kann also auch nur **rückwärts** gehen, fallen, gedrängt werden, aber nicht *rückwärts* sein.
Und da man sich nicht *nach vorwärts,* sondern nur *vorwärts* bewegen kann, kann man sich auch nur rückwärts, aber nicht *nach rückwärts,* sondern, wenn *nach,* nur *nach hinten* bewegen.
Da es eine vordere und nicht eine *vorwärtige* Plattform gibt, gibt es auch nur eine hintere, keine *rückwärtige* Plattform.
Nicht nur Menschen, auch Schlösser haben eine Hinterseite. Das sollte uns die Scheu vor *hinten* nehmen; denn wir kommen, wenn nicht die Richtung, sondern die Lage bezeichnet werden muß, nicht um die hintere Seite, das hintere Ende und auch nicht um den hintern Eingang herum.
Habt Mut zu *hinter*!

Was ist eine **Runde**?
Solange sie das Gegenteil einer *Eckigen* ist, bestehen keine Bedenken gegen sie.
Kürzlich hörte ich im Radio, in der ersten *Phase* einer Untersuchung würden soundsoviele Personen verhört werden. Da frohlockte ich. Denn in die entsprechende Phraseologie ist ja längst die *Runde* eingebrochen.
Sofern keine füllige Person weiblichen Geschlechts, ist die *Runde* eine Anzahl regelmäßig zusammentreffender Personen (Tafelrunde, Stammtischrunde), sie ist auch eine der mehrfachen und mehrfach wiederkehrenden Begegnungen im Sport (Meisterschaftsrunde, Daviscuprunde) oder das einmalige Zurücklegen einer in sich zurücklaufenden Rennstrecke.
Der unselige Erfinder der *Gesprächsrunde* hat wohl das Prinzip der Begegnung im Sport mit der Begegnung geselliger Kreise kombiniert, weil die Konferenzteilnehmer auch an einem Tisch sitzen, und das macht mich rasend. Warum *Runde* und nicht *Phase* oder *Serie* oder *Session* oder, noch besser, gar nichts? Diplomaten, Politiker, Experten könnten ja einfach zu Gesprächen oder Beratungen ohne Zusatz zusammenkommen.
Besonders ärgerlich ist es, daß keine Einigkeit darüber herrscht, ob die *Runde* eine Serie von Gesprächen oder ein einzelnes Gespräch ist, Wenn eine Delegation sich nach Paris begibt, um dort mit einer anderen Delegation, die sich nach Paris begibt, zu konferieren, und beide haben schon mehrmals in Paris miteinander konferiert, wird eine *neue Runde* von Gesprächen angekün-

digt, also etliche Gespräche. Dann konferieren sie am Montag. Und dann heißt es, daß sie am Mittwoch zur *nächsten Runde* zusammenkommen, also zu einem einzelnen Gespräch.
Die politische Berichterstattung ist unerfreulich genug, auch ohne die Strafverschärfung durch → *Amtskollege*, →*Gipfel* und → *Runde* und → *Paket* und → *Papier* und → *Arbeitsgespräch*.
Aber damit nicht genug! Die *Runde* ist auch sonst lästig. Man könnte (aber sollte nicht) sagen, daß die *Runde* auch *zum* → *Tragen kommt*, daß sie auch *über die* → *Bühne geht*, wenn jemand etwas *über die Runden bringt*. Man sollte es vermeiden, dieses sehr unanschauliche, gekünstelte Bild *in den* → *Griff zu bekommen*.
Wohin brachte das Parlament die Budgetdebatte?
Über die *Runden*?
Nicht doch!

**Rund um die Uhr** befindet sich mein Handgelenk. Und es befindet sich, weil ich meine Uhr nie abnehme, von früh bis spät, Tag und Nacht, ununterbrochen rund um die Uhr. Aber es befindet sich nicht rund um die Uhr rund um die Uhr. Wenn ich die Strecke, welche die Zeiger zurücklegen, bezeichnen will, muß ich innerhalb der Uhr bleiben, es könnte da etwa von *rund um das Zifferblatt* die Rede sein, aber nicht von *um die Uhr*. Auch sind längst nicht mehr alle Uhren rund.
*Das ist mir zu rund* ist eine alte, bei Nestroy vorkommende Wiener Redensart für *Das ist mir unbegreiflich*. Ich ließe sie gern aufleben, um *rund um die Uhr* zu charakterisieren.

# S

Werden Sie **s**-Sammler!
Sie werden jedes *s* brauchen!
Legen Sie sich einen großen Vorrat an, bitte, halten Sie etliche *s* stets bereit!
Wenn Sie nächstens wieder einmal *Diskussion* oder *interessant* sagen wollen, greifen Sie in die *s*-Bestände und, tun Sie mir, bitte, den Gefallen, sagen Sie nicht *Diskusion,* sondern *Diskussion,* nicht *interesant,* sondern *interessant.*
Danke!
Und wenn das klappt, verwenden Sie die allfällig erübrigten *s* für *Renaissance* und *Debussy!*
Und wenn Sie dann noch immer einen Vorrat haben, geben Sie möglichst viele *s* an Radiosprecher ab!

Die Demokratie unterscheidet sich von der Diktatur unter anderem dadurch, daß sie *säubern* nur im Sinn von *reinigen* gebraucht.
In der Diktatur kommt es nach dem Wechsel in der Parteispitze zu einer Säuberung.
Das versteht sich.
Nach dem Willen und im Sinn dessen, der die Führung übernimmt, wird die Partei von den Anhängern des entmachteten Vorsitzenden gesäubert.
Das versteht sich.
Dabei wird auch der Befehlshaber der Region Mittel-Ost *gesäubert*? Nein. Er wird abgesetzt, degradiert, kaltgestellt. Nicht er wird *gesäubert,* sondern die Partei. Bei den meist recht unsauberen Vorgängen, die wir mit dem Fachausdruck **säubern** bezeichnen, verlangt die sprachliche Sauberkeit, daß wir als Objekt des sogenannten *Säuberns* nur die Institution, nicht das einzelne Opfer des Vorgangs bezeichnen.

**Schau** bezeichnet vieles. Wir kennen die Wochenschau, die Heerschau, die Modenschau, das Schaulaufen, aber auch die Schau des Dichters, des Philosophen, die Zusammenschau (ein schönes Wort). Die Schau als Veranstaltung stellt *zur Schau.*

Alles, was unternommen wird, um angeschaut zu werden, kann *Schau* heißen.
Bei uns ist *schauen* ursprünglich das, was der Betrachter der Schau tut. *Show* hingegen geht vom Veranstalter aus und ist *herzeigen* im weitesten Sinn.
*Show* als Substantiv ist Theater, ist Vorführung bis zum Zirkus und Variété. *Show* kann auch abwertend sein (ein Universitätsprofessor macht aus seiner Vorlesung eine *Show* – wir würden *Zirkus* sagen). *Show* im engeren Sinn (da erkennen wir den Übergang unserer Wortimporte von französischen zum angelsächsischen Kontingent) ist das, was vor gar nicht sehr langer Zeit noch *Revue* hieß. Es gab Schauspieler und Shaw-Spieler. Dann gab es auch Show-Spieler.
Und allmählich wurde mit Hilfe der Fernsehsprache die *Show* zur *Schau*, und jeder weiß, was gemeint ist, wenn die *Hildegard-Knef-Schau* angekündigt wird. Jeder weiß auch, was gemeint ist, wenn es heißt, ein Regisseur habe aus einem Stück oder einem Fernsehspiel eine *Schau* gemacht, ein Mitwirkender habe seinen Kollegen *die Schau gestohlen*, ein Komödiant habe eine *Schau abgezogen.*
Neben die Wochenschau, Heerschau, Modenschau ist sinnvollerweise die Schau im Fernsehen getreten. Ein bewährtes Wort hat zu seinen bewährten Bedeutungen eine neue bekommen, die sich gleichfalls bewährt.

Er ist **scheinbar** dick, aber er hat nur einen unvorteilhaften Anzug an.
Er ist *anscheinend* dick, ganz genau kann ich's nicht sehen.
Er ist *scheinbar* naiv, aber in Wirklichkeit raffiniert.
Ich weiß nicht, wie er ist, aber er ist *anscheinend* naiv.
In einiger Entfernung von uns war *anscheinend* eine Oase. Wir gingen weiter und sahen: Dort war nur *scheinbar* eine Oase. Eine Fata Morgana hatte uns getäuscht.

*Engpaß* in der Versorgung? Wenn's sein muß! *Flaschenhals* bei der Ablieferung? Wenn's unbedingt sein muß! (→ Bildersprache.)
Aber **Schere**? Muß die Schere sein, wenn von Löhnen und Preisen die Rede ist? Mir gefiele an ihrer Stelle die *Spirale* viel besser. Denn es ist das Wesen der Schere, daß sie einen variablen spitzen Winkel bildet und das, was sich zwischen den Schenkeln dieses Winkels befindet, durchschneidet. Und wenn erst die

Löhne und dann die Preise steigen und dann wieder die Löhne und dann wieder die Preise ... wieso ist da, bitte, der Hinweis auf eine Schere angebracht?

Wohin **schlagen** wachsame Gendarmen die Einbrecher?
In die Flucht.

Aller **schlechten** Dinge sind drei:
*schlechterdings, schlechthin, schlechtweg.*

**schrecken** kann Schrecken verbreiten, nicht nur wenn einer *schreckt* und sein Opfer *schrickt,* sondern weil es diese beiden Möglichkeiten tatsächlich gibt und nicht nur sie, sondern auch *geschreckt* und *geschrocken.*
Dabei ist's aber eigentlich gar nicht so schrecklich. Wenn einer einen schreckt, ich dich, du mich, er sie, sie ihn, bleibt dem Verb das *e* erhalten: ich schrecke, ich schreckte, ich habe geschreckt.
Wenn ich aber zurück- und erschrecke, dann wird's bunter: ich schrecke, du schrickst, ich schrak, ich bin zurückge- beziehungsweise erschrocken.
Bei *erschrecken* geht das meist ganz gut, aber bei *zurückschrecken* hapert's oft. Man sagt kaum *er erschreckt,* aber so gern *er schreckt* vor etwas *zurück.* Und wenn jemand das sagt, und ich rufe *schrickt,* dann schrickt er zurück und sagt *Jetzt hast du mich erschrocken,* und ich rufe *-schreckt,* und er antwortet *Das hab' ich ja gesagt!* Und dann lassen wir's für heute, und morgen versuch' ich noch einmal, *zurückschrecken* und *schrecken* zu verbreiten.

Man kann *der Schule* sagen. Man kann *Schul-* sagen. Man kann *pädagogisch* sagen. Man muß ja nicht *mit der Schule zusammenhängend* sagen oder *im Hinblick auf die Schule,* obwohl das auch nicht das Ärgste wäre.
Das Ärgste ist **schulisch.** *schulisch* dürfte nicht sein.
Von den zahlreichen Schauerlichkeiten im Hinblick auf die Schule ist *schulisch* der schrecklichste der Schrecken.
*Was würden Sie als erstes tun, wenn Sie Diktator wären?* hat man einen intelligenten Zeitgenossen gefragt. *Abdanken!* hat er geantwortet. Ich würde vorher noch ganz schnell das Verwenden einiger Wörter verbieten, darunter *schulisch.*
Und wenn Sie jetzt einwenden – auf so etwas warte ich ja schon die ganze Zeit! –, wenn Sie jetzt einwenden, daß *schulisch* ja im *Großen Duden* steht, muß ich Sie drauf hinweisen, daß der

Duden nicht wertet, sondern registriert; er enthält nicht Empfehlungen, sondern Schreibweisen. Er ist auch nicht bindend, und ich gestatte mir, gelegentlich bewußt von ihm abzuweichen. Vor allem aber lasse ich mir mein Vokabular nicht von ihm diktieren.

Ich habe nicht viel vom gymnasialen Physikunterricht profitiert, aber immerhin genug, um bei dem ewigen Gerede von **Schwerpunkten** zornig zu werden.
Ein Ding hat nämlich nur einen Schwerpunkt, so wie ein Kreis nur einen Mittelpunkt hat. (Heute sagt man natürlich nicht *Der Kreis hat einen Mittelpunkt,* sondern *Der Kreis ist um einen Mittelpunkt zentriert.*)
Aus der körperlichen Sphäre in das sprachliche Bild übertragen: auch ein Programm oder ein Plan oder ein Referat kann somit nur einen Schwerpunkt haben. Die *Schwerpunkte* des Budgets könnten je einer innerhalb je eines Ressorts sein. Aber das Gesundheitsprogramm, das Wohnbauprogramm, das Parteiprogramm, das Umweltprogramm kann nicht Schwerpunkte aufweisen! Ist denn, zum Beispiel, *Hauptpunkte* gar so arg?
Ich hab' nur eine Angst, wenn ich die *Schwerpunkte* abzuschaffen versuche: am Ende werden sie dann durch *Akzente (→ Akzente)* abgelöst, oder durch *vorrangige Anliegen.* Auch *Fixpunkte* wären kein Honiglecken. Und es gehört zu den *wesentlichen Aufgaben* dieses Buches, das Ablehnenswerte durch Besseres, nicht durch anderes Ablehnenswertes, also den Regen nicht durch die Traufe, den Teufel nicht durch den Beelzebub zu ersetzen.

Wir stellen den Teller zwischen uns und essen vom **selben** Teller.
Wir haben ein sechsteiliges Service und essen vom *gleichen* Teller.
Wir essen zur *selben* Zeit, heute um eins.
Wir essen zur *gleichen* Zeit, heute um eins und morgen um eins.
Die beiden Mädchen trugen dasselbe Abendkleid, denn sie hatten nur eins; die eine schlüpfte heraus, die andere schlüpfte hinein.
Die beiden Mädchen ärgerten sich, denn sie trugen beide beim diesjährigen Opernball das *gleiche* Abendkleid.
Wir sind am *selben* Tag geboren, am elften November 1911.
Wir sind am *gleichen* Tag geboren, ich am elften November 1908, du am elften November 1945.

*Selbsterkenntnis* ist ein schönes Wort. Und *Erkenne dich selbst!* ist eine edle klassische Maxime.
*Selbsterkenntnis ist der erste Schritt zur Besserung:* ein etwas ausgelaugtes, von Amateurpädagogen unmäßig strapaziertes, aber immerhin gültiges Sprichwort.
Emsige Überhöher und Pseudo-Aufwerter haben es dabei nicht bewenden lassen und haben dem *Selbst* schmucke neue Dimensionen aufgepfropft. Weg mit der *Selbsterkenntnis*, dreimal weg mit der *Besserung*!
Wer auf sich hält, sagt heute: **Selbstverständnis** *ist der erste Schritt zur* **Selbstverwirklichung**.

Ich wollte, es fiele mir ein gutes Wort ein, das alles das ausdrückt, was wir heute **Service** nennen. Aber *Kundendienst* ist's nicht. Und *überholen, Überholung* schon gar nicht.
Im Gegenteil: manchmal sagt man schon scherzhaft von sich selbst, daß man sich in ein Sanatorium zum Service begebe.
Ursprünglich *Dienstleistung* oder *Dienst* bedeutend, bezeichnet *Service* nun einen besonderen, umfassenden Dienst, der einen Wagen oder eine andere Maschine in jeder Hinsicht auf den besten Stand bringt (oder sagen wir aus Erfahrung lieber *bringen soll*).
*Service* ist kein Fremdwort mehr.
Wie selbstverständlich dieses *Service* uns geworden ist, ersehen wir daraus, daß diese neuere, ursprünglich englische Bereicherung unseres Vokabulars, auf der ersten Silbe betont, über die ältere, ursprünglich französische, auf der zweiten Silbe betonte, triumphiert hat. In diesem Buch findet sich *Service* auch im Sinn einer Anzahl von Tellern, Schüsseln, Tassen – und ich wette, daß jeder Leser dort *Ser*vice und nicht Ser*vice* liest.

**signifikant** ist charakteristisch. Bedeutende Stilisten verwenden *wesentlich.* Wesentliche Stilisten verwenden *bedeutend. signifikant* ist bezeichnend. *signifikant* kann auch wichtig sein.
*signifikant* ist, wie gesagt, charakteristisch, bezeichnend, bedeutend, wesentlich und wichtig, und zwar unter anderem als Indiz für die hohlen Kauderwelschapostel, welche statt *bedeutend, wesentlich, wichtig, bedeutsam, charakteristisch, bezeichnend* so gern *signifikant* gebrauchen.

Ich kann Ihnen erklären, was *sinnvoll* ist, was *sinnig* ist, was *unsinnig* und was *sinnentleert* ist. Ich habe Verständnis für die

*Sinngebung* und das *Sinnlose,* ich respektiere alles *Sinnliche* (auch ein Anblick, ein Hörerlebnis kann ein *sinnlicher* Genuß sein). Wenn Sie aber von mir erfahren wollen, was **sinnhaft** heißen soll, bin ich überfragt.

Bernstein ist **Spitze,** Karajan ist *Spitze,* Callas ist nicht mehr *Spitze,* Placido Domingo ist derzeit absolute *Weltspitze.*
Dem *Spitzenreiter,* der *Spitzenklasse,* der *Spitzenqualität* wurde die Spitze abgenommen. Sie hat sich selbständig gemacht.
Ich treibe mich seit einiger Zeit unter Bergsteigern im tirolisch-bayerischen Grenzgebiet herum und warte darauf, daß einer sagt *Die Zugspitze ist Spitze.*
Andererseits aber möchte ich auch gern in den Couloirs der Parlamente so lange lauschen, bis ich höre *Unsere Regierungsspitze* (oder *unsere Parteispitze) ist Spitze.* Ich bin süchtig geworden. Ich spitze auf jede neue *Spitze.* Ich bin aber auch innerlich gespalten. Denn ich möchte sie ihr gern abbrechen, die Spitze der Spitze.

Wohin kommen die ungelösten Fragen bei der nächsten Vorstandssitzung? Sie kommen zur **Sprache**.
Was tun sie dort? Sie lassen sich sagen, daß sie nächstens nicht mehr zur Sprache zu kommen brauchen, wenn sie *besprochen werden.*

Ich habe gegessen, aber nachher bin ich kein *gegessener* Mensch.
Ich habe geschlafen, aber nachher bin ich kein *geschlafener* Mensch.
Ein Geiger hat gespielt, aber nachher ist er kein *gespielter* Geiger.
Eine Lampe hat geleuchtet, aber nachher ist sie keine *geleuchtete* Lampe.
Eine Konferenz hat getagt, aber nachher ist sie keine *getagte* Konferenz.
Warum liest und hört man dann immer wieder von einer **stattgefundenen** Sitzung?

**Stellenwert** ist der relative Wert einer Ziffer innerhalb einer Zahl.
Die Ziffer *3* kann *drei Hundertstel* oder *drei Millionen* bezeichnen, je nachdem, wo sie steht.
Der *Stellenwert* wurde jüngst aus der Mathematik in die Regionen anderer Fachsprachen geholt. Natürlich wird er über Gebühr mißbraucht. Durch die verfremdende Inszenierung der ›Iphigenie‹ als Gesellschaftsdrama bekam die Rolle des Arkas

einen neuen Stellenwert? Da wäre das *Gewicht*, die *Bedeutung*, die *Funktion* der Rolle, meinetwegen das *neue Licht*, in dem sie uns erschien, besser und weniger geschraubt. *Stellenwert* aber bleibt denkbar. Deplaciert wirkt er, wenn man etwa liest, welchen *Stellenwert* das Drama ›Exiles‹ innerhalb des Gesamtwerks von James Joyce hat. Hier handelt es sich um nichts Relatives, nichts Variables, hier wird ein Werk im Rahmen eines Œuvres eingeordnet (wer *eingestuft* sagt, wird die Treppe hinuntergeworfen), hier wären nur *Bedeutung, Funktion* und ähnliche Begriffe angebracht.
Wo er stimmt, eher selten, kann jedoch der Stellenwert gute Dienste tun.

Wohin hat die Armee den Vormarsch der Feinde gebracht?
Zum **Stillstand**.
Hat sie ihn nicht eher *aufgehalten*? Leider nicht. Ich habe mich aufgehalten ... und zwar darüber, daß wieder eine schreckliche Mottenkiste-Phrase verwendet wurde.

**Streik** ist die Unterlassung von Tätigkeiten und Leistungen, zu denen man vertraglich verpflichtet ist.
Arbeiter streiken, Angestellte streiken, Beamte streiken ... manchmal sagen wir auch, daß Apparate *streiken*, und das ist ein zulässiges Bild, denn Auto oder Schreibmaschine verweigern eine Leistung, die der Benützer zu erwarten berechtigt ist.
Aber *streiken* Hausfrauen, wenn sie sich des Ankaufs von Waren enthalten, *streiken* Studenten, wenn sie den Hörsälen und Instituten fernbleiben? Nein; hier sind *streiken* und *Streik* fehl am Ort. Wozu haben wir denn die guten deutschen Wörter *boykottieren* und *Boykott*?

**Stress** ist ein gutes altes, vieldeutiges englisches Wort: wie so viele seiner Kollegen sowohl Substantiv als Verb, und bezeichnet *Spannung, Druck* und manches andere.
Es mag rund zehn Jahre her sein, daß *Stress* zu uns kam, vermutlich bewußt und überlegt von einem Mediziner herbeigezogen, um die übermäßige Beanspruchung zu bezeichnen. Im Englischen ist die Kennzeichnung des Übermäßigen nicht in *stress* enthalten. *(Stress* ist *spannen, Spannung*, nicht *überspannen, Überspannung.)* So mag *Stress* zwar eine Modekrankheit beim Namen nennen, aber ihr Name *Stress* ist ebensowenig ein Modewort wie *Grippe* oder *Hysterie*. Können Sie ihn entbehren, umschreiben, ersetzen? Ich nicht.

Ich habe sehr harte Zeiten hinter mir, ich bin abgespannt, heruntergekommen, strapaziert, und meine Freunde fragen besorgt *Was hast du?*
Es war auch wirklich nicht einfach, und oft dachte ich zwischendurch *Ich hab' mir doch zuviel zugetraut.*
Ich mußte meinen Nachtschlaf durch starke Medikamente notdürftig sichern, ich mußte meine Diät sehr sorgfältig regeln, ich war unablässig in Spannung, und das ist keine Kleinigkeit. Aber es ist gut ausgegangen. Ich habe das Unmögliche möglich gemacht. Ich habe ein Vierteljahr lang das Wort **Struktur** weder ausgesprochen noch geschrieben. Ja, wirklich, weder *Struktur* noch Zusammensetzungen wie *Infrastruktur* noch Ableitungen wie *strukturieren* und das beliebte *umstrukturieren.*
Ich bin sehr müde und trete einen Erholungsurlaub an.
Schwierig war's, mühsam war's, aber interessant. Leicht habe ich mir's nicht gemacht; ich hätte ja schweigen können, ich hätte mich zurückziehen können. Aber ich wollte nicht feig und nicht bequem sein. Ich habe mich öfter in Gesellschaft begeben als gewöhnlich. Ich habe Vorträge und Reden gehalten und öffentlich diskutiert, ich wurde auch interviewt, ich habe auch Texte aller Art verfaßt, vor allem Texte essayistischer Natur, bei welchen die Versuchung naturgemäß besonders groß ist. Nein, leicht hab' ich mir's wirklich nicht gemacht. Aber es ist mir gelungen. Es war möglich. Es ist möglich. Es geht wirklich. Ich erkläre an Eides Statt, daß es geht. Man muß nicht. Die Welt bleibt weiter, wie sie ist, auch wenn man *Struktur* weder sagt noch schreibt. Ich habe in meinen gesprochenen und geschriebenen Texten die Zusammenhänge, in denen das Wort samt Zusammensetzungen und Ableitungen aufzutreten pflegt, nicht vermieden, ich habe sie sogar ganz bewußt herbeigeführt. Manchmal habe ich *System* gesagt oder geschrieben, manchmal *Beschaffenheit,* manchmal *Aufbau,* manchmal *Organisation* – und damit ist die Anzahl der Varianten nicht erschöpft – und wenn es sich um das häufig auftretende beliebte Verbum gehandelt hat, habe ich manchmal *verändern* gesagt oder geschrieben, manchmal *umbauen,* manchmal *verbessern,* manchmal *verschlechtern,* manchmal *reformieren* – und damit ist die Anzahl der Varianten nicht erschöpft.
Ich bin stolz, ohne überheblich zu sein. Mir will scheinen, als wäre das, was mir gelungen ist, in unserer Zeit einzigartig. Wenn es einen Sinn gehabt haben soll, darf es jedoch nicht einzigartig bleiben. Jenen, welche dies lesen, möchte ich den Vorschlag

machen, es mir gleichzutun. Meine Erfahrung lehrt ja, daß es denkbar ist. Es muß nicht gleich ein Vierteljahr sein, ein Monat schon, eine Woche, ein Tag wäre willkommen. Man könnte sich ja auch auf *nur Wort* oder *nur Schrift* beschränken, man könnte das bewußte Wort, wenn es sich einem wieder einmal aufdrängen will, nur ein einzigesmal umschreiben (oder umreden), auch das ist bereits eine Leistung; und vielleicht könnte sich eine Art sportlichen Interesses ergeben, auch das Abhalten von Wettbewerben, das Abschließen von Wetten wäre denkbar ...

Und wenn meine Pioniertat sich als eine solche erweisen sollte und wenn mein Beispiel da und dort Schule machen sollte und wenn ein Stein ins Rollen käme und zur Lawine rollender Steine ergänzt würde und wenn man in drei oder in fünf Jahren das fragliche Wort samt seinen Ableitungen und Zusammensetzungen nicht öfter gebraucht, als man es vor zehn oder fünfzehn Jahren gebraucht hat, dann, Freunde, dann wollen wir uns zu einer kleinen Siegesfeier zusammenfinden und wollen nach berechtigten Äußerungen des Triumphs darüber nachzudenken beginnen, welches andere Wort oder vielleicht sogar welche anderen Wörter wir in die Schranken weisen könnten. Die Welt (und dieses Wörterbuch) ist voll von ihnen.

Sportreporter sind arme Teufel. Sie müssen gleichzeitig zuschauen und reden oder notieren. Daß die Sprache dabei zu kurz kommt, ist natürlich.

So haben die Sportreporter sich ein Grund-Vokabular zurechtgelegt, eine Art Fertigsprache, die ihnen den Zeitverlust beim Suchen und Finden passender Wörter ersparen soll.

Und da eine Vulgärmaxime fordert, daß man ein Wort nicht wiederholen, sondern auf ein **Synonym** ausweichen soll, sagen sie abwechselnd *der Ball* und *das Leder, Tor* und *Gehäuse,* auch *Heiligtum.*

Auch nennen sie die Vereine nicht immer bei ihren angestammten Namen (→ Hans Weigel, ›Götterfunken mit Fehlzündung‹, S. 134). Sie reden über *Sturm Graz* und sagen abwechselnd *Sturm Graz, die Grazer* und *die Murstädter* (Graz liegt an der Mur), sie nennen die Wiener Mannschaft *Austria,* die violette Leibchen trägt, abwechselnd *Austria* und *die Violetten* (daß sie sie manchmal auch als *Veilchen* bezeichnen, wird hier nicht bemängelt, denn das ist ein legitimer Spitzname).

Was man bei den Sportreportern, wenn auch murrend, hinnimmt, reicht aber über die Sportreporter weit hinaus, nicht nur

in alle Bereiche des Journalistischen, sondern weit über die Bereiche des Journalistischen hinaus.
Dadurch entsteht eine Pseudo-Farbigkeit, die sehr schlimm und gefährlich, weil schulbildend ist.
Man schreibt, wenn man schon einmal *Mars* geschrieben hat, *der rote Planet,* man wechselt zwischen *Wahl* und *Urnengang* ab, *Florenz* ist *die Stadt am Arno,* Rom *die Ewige Stadt, Wien* ist *die Donaumetropole, Berlin* ist *die geteilte Stadt.* Das alles ist ganz gewiß überflüssig, denn bei sachlichen Feststellungen ist die Wiederholung eines Wortes nicht unzulässig und auch nicht häßlich. Mir scheint *der rote Planet* häßlicher als ein zweiter *Mars.* Nicht informierte Leser können durch diese Unsitte sogar verwirrt werden. *Die Sonde hält den Kurs auf den Mars genau ein. Sie wird im Dezember den roten Planeten erreichen.* Da könnte man meinen, es handle sich um zwei verschiedene Himmelskörper.
*Eine Bombe explodierte. Der Sprengkörper richtete Schaden an.* Wieso richtet ein Sprengkörper Schaden an, wenn eine Bombe explodiert?
Das unmotivierte Abwechseln, auch in der erzählenden Prosa gern geübt, charakterisiert den Autor als schlechten Stilisten. Der gute Autor wiederholt:
*... wenn in einem Hause scheckige Kühe sind, so werden immer solche Kälber aufgezogen, und die Farbe bleibt bei dem Hause* (Adalbert Stifter).
Synonyme sind eine Wonne und eine Pracht, sie offenbaren den Reichtum der Sprache, sie sind fast immer in ihrem Gewicht und ihrem Sinn nicht ganz identisch und lassen dem Gestalter beglükkende Auswahl, ermöglichen ihm das Suchen und Finden des im besonderen Fall besten Ausdrucks.
*... wiewohl, obwohl, obgleich, wenn auch ...*
*... aber, jedoch, hingegen, doch ...*
*... wieder, wiederum, neuerlich, abermals ...*
*... Bauwerk, Gebäude, Bau, Baulichkeit ...*
*... Sympathie, Zuneigung, Neigung ...*
*... Wesen, Lebewesen, Geschöpf, Kreatur ...*
Ist aber das rechte Wort gefunden, soll man es nicht degradieren. Und man degradiert es, wenn man ein Haus *Haus* und zwei Zeilen später *Gebäude* nennt.

# T

**Technologie** dürfen Sie ruhig sagen, aber seltener, als Sie *Technologie* zu sagen pflegen.
Zum Unterschied von der englischen *technology* ist im Deutschen (und das schon seit langem) *Technologie* lediglich die Lehre von der mechanischen und chemischen Bearbeitung und Verarbeitung der Werkstoffe, also nur ein Teilgebiet der Technik.
Fragen Sie sich, bitte, ob Sie nicht *Technik* statt *Technologie, technisch* statt *technologisch* sagen sollten, und Sie werden staunen, wie oft Sie sollten.
Sie sagen ja leider auch so oft *psychologisch,* wo Sie *psychisch* sagen sollten, *physiologisch,* wo Sie *physisch* sagen sollten.
Allerdings existiert kein Wort *biisch*, drum müssen Sie dort, wo Sie *biologisch* sagen, auch weiterhin *biologisch* sagen. (Und auch *chronisch* ist selten besser als *chronologisch.*)

**teilweise** ist ein Adverb. Die Fenster sind teilweise vergittert. Die Korrekturen sind teilweise kompliziert. Aber wenn die Fragen erst teilweise beantwortet sind, hat keine *teilweise Beantwortung* stattgefunden. Es gibt auch keinen *andeutungsweisen Bescheid,* keine *gesprächsweise Erörterung* und kein *schrittweises Vorgehen.*

**Texter** ist ein barbarisches Wort. Es klingt wie ein Komparativ: Text, Texter, am textesten ...
Wäre ich gezwungen, mich als *Texter* zu bezeichnen, würde mein Beruf mich nicht mehr freuen.
*Text* ist ein gutes Wort, seine Aufwertung ist zu begrüßen. *Text* ist heute nicht mehr nur der Wortlaut, nicht mehr nur das, was vertont wurde, *Text* ist ganz allgemein ein Stück Sprache; und wenn Verfertiger von Sprache ihre Geschichten, Skizzen, Verse, Betrachtungen, Gedankenreihen sachlich als *Texte* bezeichnen, ist das ansprechend.
Die Verfertiger sind drum aber noch keine *Texter,* sie sind Schriftsteller oder Autoren, selbst wenn sie Schlagertexte oder Refraintexte verfertigen.

Wie die Verfertiger von Werbe-Kauderwelsch sich nennen, ist mir gleichgültig.
Das Wort *Texter* toleriere ich nur aus Solidarität mit den Kabarettisten für den Fall, daß sie einen Reim auf *nächster* brauchen und *klext er, hext er, wächst er* aus guten Gründen nicht in Betracht kommen.

Die **Thematik** ist eine Halbschwester der → *Problematik.* Man behandelte einst ein Thema oder mehrere Themen (noch früher sogar Themata), heute behandelt man die Thematik. Brahms würde heute *Variationen über eine Thematik von Haydn* komponieren.
Das Wort *Thematik* ist meist zu aufwendig für das, was es aussagen soll.
Die Öffnungszeiten der Läden entsprechen nicht mehr den Bedürfnissen der Kunden; eine Aussprache zwischen Arbeitgebern und Arbeitnehmern beschäftigt sich mit diesem *Thema.* Warum *Thematik*?
*Thematik* ist nicht mit *Thema* und nicht mit *Themen* identisch. Sie ist ihnen übergeordnet. (Die *Thematik* der Dramen hat sich in den letzten hundert Jahren verändert.)
Wir neigen dazu, Begriffe in zu prächtige Wörter zu kleiden, Allgemeines zu bemühen, wo das Besondere gerade recht wäre, nicht nur bei *Thema – Thematik, Problem – Problematik,* auch bei *Methode – Methodik.*

Die armen Autoren, die einst schrieben und nicht heute schreiben, tun mir leid. Sie haben nicht **thematisiert.** Sie haben geschrieben, beschrieben, gestaltet, dargestellt, Themen verarbeitet, aber das alles war nicht das, was das Schreiben heute ist, denn erst heute *thematisiert* man, das heißt: nicht die Autoren thematisieren, aber die Literaturkritiker und Literaturwissenschaftler teilen uns und ihnen mit, daß sie thematisieren; und sie gewähren auch den armen Autoren von einst eine rückwirkende Entschädigung: Goethe hat im ›Werther‹ eine unglückliche Liebe thematisiert, Thomas Mann hat in ›Buddenbrooks‹ den Verfall einer Familie thematisiert ... es ist ein funkelnagelneues, ein blutjunges Wort, das sich da anschickt, sich breitzumachen, aber unser Trost sei, daß die Autoren auch weiterhin schreiben, beschreiben, gestalten und darstellen und nur die professionellen Kommentatoren ihnen unterschieben, daß sie *thematisieren.*

Wer den **Tod** sucht, kann ihn finden, durch eigene Hand oder in den Fluten. Wer aber verunglückt, der ist verunglückt, er hat nicht *den Tod gefunden.*

*Zum* **Tragen** *kommen* Gepäckträger auf dem Bahnsteig und Lohndiener vor dem Hotel. Und je seltener dies in letzter Zeit geschieht, um so häufiger kommt Abstraktes *zum Tragen,* Stillhalteabkommen, Zollsenkungen, Steuerreformen.
(Neulich hörte ich im Radio, bei den Arbeiten eines Universitätsinstituts sei *die Kulturkunde zum Tragen gekommen.*)
Das gute und bewährte *sich auswirken* wird in sehr vielen Fällen bessere Dienste leisten, wo nicht Gepäckstücke, Möbel oder sonstige Lasten zu tragen, sondern Konsequenzen einer Aktion oder Haltung zu erwarten sind.

**transparent** ist nicht *durchsichtig,* sondern *durchscheinend, lichtdurchlässig.*
Ein sogenanntes *Transparent* ist zum Beispiel eine pergamentene Fläche, auf welcher sich eine Inschrift und hinter welcher sich eine Lichtquelle befindet, so daß jener, welcher sich vor ihr befindet, die Inschrift im Finstern lesen kann. Transparente waren vor allem bei Fackelzügen beliebt und sind es noch als die liebevoll gestalteten Laternen der Basler Fasnacht.
Inzwischen ist sowohl *transparent* wie *Transparent* vom Bedeutungswandel heimgesucht worden. Und das kommt bei dem Adjektiv wohl von dem entarteten Substantiv.
In gewissen Ländern gewahrt man teils starre, teils bei Demonstrationen transportierte Bänder mit Aufschriften wie STÄRKT DIE EINHEIT DER ARBEITERKLASSE! – GEGEN SPALTER UND REVISIONISTEN! Diese Utensilien sind weder durchscheinend noch sonst leuchtend und werden trotzdem als *Transparente* bezeichnet. Das hat sich das Adjektiv zu Herzen genommen. Es zeigt sich häufig in der Öffentlichkeit und will sich die Bedeutung *klar, deutlich* zulegen. Dabei unterstellt es, daß Außenstehende durch die Fassade hindurch auf das, was *dahinter* ist, sehen können sollen. Vom Fackelzug aber wissen wir, daß, erstens, dahinter nur die Lichtquelle ist und daß, zweitens, der, welcher sich vorne befindet, bei einem Transparent nur die Fläche sieht, um von ihr abzulesen, was nach dem Willen dessen, der die Lichtquelle installiert hat, abgelesen werden soll.
*Transparenz* ist also nicht das Bloßlegen der Hintergründe, sondern nur die auf Grund eines optischen Arrangements erleuch-

tete Fassade. Wer also auf durchdringende Blicke Wert legt, soll nicht *transparent,* sondern *sichtbar* machen.

Der **Trend** ist nicht so arg wie der *Sog,* aber er ist arg genug. *Trend (→ Fremdwörter)* ist, wenn man nicht *Tendenz* sagen will, was man aber ruhig sagen sollte, die *Neigung, Richtung, Bewegung* von Wählern, Käufern, repräsentativen Querschnitten und anderen nie durchschauten Menschen mit *Vorlieben* und *Abneigungen* und *Stimmungen,* und jedes dieser hier vorgeschlagenen Wörter lebt und atmet, auch *Tendenz. Trend* jedoch ist eine sauerstoffarme Markthelfer-, Lehrkanzel- und Büro-Pflanze.

# U

**überhöht** ist ein Fachausdruck aus der Bühnensprache und meint, im Grund genommen, eine bestimmte Art Stilisierung. Man könnte paradoxerweise auch von einer Vertiefung sprechen, wo man eine Überhöhung feststellt. Wenn man über Naturalismus und Realismus hinausgeht und den Vorgängen allgemeine, über den dargestellten Einzelfall hinausgehende Bedeutung verleihen will, wenn Kreon seinen Schwager Ödipus mit dem Revolver bedroht, wenn Antigone in der ›Bild-Zeitung‹ liest, wenn Don Carlos und Marquis Posa ihr Jahrhundert halb nackt in die Schranken fordern, dann hat der Regisseur überhöht *(→ Konzept).*

Wir können und sollen den → Fachausdruck innerhalb seiner Sphäre nicht antasten.

Wenn aber von *überhöhten* Forderungen oder Preisen zu hören und zu lesen ist, scheint die Frage berechtigt, ob da alles stimmt, ob es sich nicht besser um *übermäßig hohe,* vielleicht auch um übererhöhte (aber das kann man nicht sagen) Preise handelt, ob nicht *allzu hohe* oder *unverhältnismäßig hohe* Preise oder Forderungen dem auszudrückenden Tatbestand bessere Dienste leisteten.

*Soll ich öffnen? – Das ist es, was du tun mußt.*
*Sind Sie verheiratet? – Das bin ich.*
*Hast du gegessen? – Ja, das habe ich.*

Von Bühnen, von Fernsehschirmen, von Breitwänden, aus Lautsprechern dringen Sätze solcher Art auf uns ein, tun weh, korrumpieren den Sprachsinn. Es ist das **Übersetzerdeutsch**, Gott strafe es!

Was von Apparaten kommt, übt Autorität aus. Unbewußt nimmt man Tag für Tag schlechtes Deutsch entgegen; und wenn man überdies noch liest – vor allem sogenannte Unterhaltungsliteratur –, kommt Gesehenes zu Gehörtem.

Es gibt so wenige, die aus dem Englischen halbwegs zureichend ins Deutsche zu übersetzen imstande sind. Und es wird soviel aus dem Englischen ins Deutsche übersetzt.

Spezialisten sind hochbezahlt. Das Übersetzen erfordert Spezialisten. Aber die Übersetzer sind (Theaterstücke ausgenommen) in der Regel nicht hochbezahlt. Und niemand hilft ihnen, niemand gibt ihnen auch nur einige der primitivsten Ratschläge. Daß man, zum Beispiel, statt *Das ist es, was du tun mußt* oder *Das bin ich* im Deutschen *Ja* sagen sollte, statt *Ist es nicht so?* hingegen *Nicht wahr?*

Ich kann hier nicht ausführlich auf diesen katastrophalen, gefährlichen und anscheinend irreparablen Notstand eingehen, ich möchte nur wenige Beispiele geben, gegen besonders krasse, ewig wiederkehrende Fehler aufbegehren.

*Philosophy* bedeutet zwar auch, aber nicht nur *Philosophie.* Ein Amerikaner würde etwa sagen *Ich stehe früh auf und schlafe nach Tisch, das ist meine Philosophie.* Und der Übersetzer muß *Lebensregel, Gewohnheit, Überzeugung* oder sonst einen adäquaten Ausdruck finden, vielleicht *Weltanschauung,* wo er heute gedankenlos *Philosophie* übersetzt.

*Old boy* heißt zwar wörtlich *alter Junge,* aber außer beim frühen Brecht, der ein Anglomane war, hat niemand in deutscher Sprache einen andern so angeredet; es muß heißen *mein Lieber* oder *mein Guter* oder *mein Bester.* Und wenn in Dialogen von Shaw *by Jove* steht und der alte Trebitsch das mit *bei Jupiter* wiedergibt, ist das *weiß Gott* eine Schande!

*miss* heißt nicht nur *vermissen.* Ich vermisse zwar mein Taschenmesser und suche es vergeblich, ich vermisse in einem Text eine Stelle, welche von der Zensur gestrichen wurde. Aber wenn ich meinen Freund lange Zeit nicht sehe, *vermisse* ich ihn nicht; er fehlt mir.

Dieses unrichtige *vermissen* hat sich auf dem Weg über die Übersetzungs-Analphabeten schon in unserem Sprachgebrauch eingenistet.

*Du siehst aus, als wärst du hungrig,* sagen nur Menschen, die aus dem Englischen übersetzt sind. Alle anderen sagen *Mir scheint, du bist hungrig.*

Solche und ähnliche Anfangsgründe vermissen wir bei der Mehrzahl unserer Übersetzer. Wenn die betreffenden Fehler künftig nicht mehr zu finden wären, würden sie uns nicht fehlen.

Auf den Unterschied von *treffen* und *kennenlernen* bei der Übersetzung von *meet* habe ich schon an anderer Stelle hingewiesen *(→ Griff).*

Aber die Übersetzer werden gewiß auch weiterhin *meet* mit *treffen* übersetzen, der Schlag soll sie kennenlernen!

**umdenken** ist ein gutes Wort, Goethe würde sagen: ein *tüchtig* Wort. Wer immer er gewesen sei: ich beneide den Erfinder. Auch andere (nicht alle!) Neubildungen mit *um* lasse ich mir gefallen, zum Beispiel *umverteilen.*

*funktionieren* heißt *eine Funktion ausüben.* Apparate funktionieren oder nicht. Organe des Körpers funktionieren oder nicht. Funktionäre funktionieren oder nicht. Daher kann man *funktionieren* nicht mit einem Objekt verbinden. Ich kann nicht dich funktionieren, ich kann nicht die Mähmaschine funktionieren, ich kann nicht den Funktionär funktionieren, ich kann nicht Herzen, Lebern, Nieren funktionieren. Also kann ich auch niemanden und nichts **umfunktionieren.**
Man kann aus einer Vorlesung eine Tanzunterhaltung machen, man kann aus einer Wiedergabe des ›Wohltemperierten Klaviers‹ eine Jazz-Darbietung machen, man kann aus einer politischen Versammlung eine Diskussion machen, man kann aus einem Kriegsgefangenen einen Anhänger seiner ehemaligen Gegner machen, aber man kann Veränderungen dieser Art nicht *umfunktionieren* nennen.
Man kann Menschen umsiedeln, umbenennen, umfrisieren, man kann den Verkehr umleiten, man kann Hindernisse umgehen und umfahren, man kann Waren umtauschen, man kann Häuser umbauen, man kann, wenn's sein muß, höchstens zweimal im Jahr, jeden und alles umstrukturieren, denn vor diesem Eingriff war er oder es strukturiert, aber man kann niemanden und nichts umfunktionieren, denn vorher war er oder es nicht funktioniert, sondern hat funktioniert *(→ stattgefunden).* Man kann einen Menschen ja auch nicht umessen, wenn man ihn anders füttert, man kann einen Tisch ja auch nicht umstehen, sondern nur umstellen, man kann sein Opfer umlegen, aber nicht umliegen, und so kann man mit und aus Vorlesungen, Wiedergaben, Versammlungen, Kriegsgefangenen, aus allen und allem alles machen, wir wissen es wohl, die einen halten es für richtig, die anderen für unrichtig, aber *umfunktionieren* als Bezeichnung des Veränderns sollten alle für unrichtig halten.

Was wurde bei der Vollendung des Kraftwerks **umgesetzt?**
Der Wille des Erbauers wurde in die Tat umgesetzt.
Man müßte dieser Redensart steuern, indem man sie mit einer Umsetzsteuer belegt.

Als die **Umweltverschmutzung** als solche bezeichnet wurde, hatten wir Glück. Denn sie heißt englisch *environment pollution* – wie leicht hätte sie zur *Umgebungsbefleckung* werden können! *Umwelt* ist gut, *Verschmutzung* ist gut, das Schlagwort *Umweltverschmutzung* ist gut gewählt, nur dringt die Umwelt über die verschmutzten Sphären hinaus in das Vokabular ein. Wer, zum Beispiel, angibt, daß er in ländlicher oder städtischer *Umwelt* lebt, sollte es billiger geben und bei *Umgebung* (oder *Sphäre* oder *Bereich*) bleiben.

**unabdingbar** ist für mich absolut nicht unabdingbar. *unabdingbar* ist für mich sogar ohne weiters abdingbar. Komme, wer mag – ich lasse mir *unabdingbar* ganz mühelos abdingen.

**&** gehört auf den Briefkopf, auf das Firmenschild, in das Handelsregister. + gehört in die Mathematik. Überallhin sonst gehört *und*. & ist eigentlich ein umgestürztes *et*. + aber ist *plus*! Mathematiker wissen, was der Unterschied zwischen *und* und *plus* ist.
Wenn also etwa eine Zeitschrift sich ›Theorie + Praxis‹ nennen wollte, dürfte sie das nur, sofern der Titel, ausgesprochen, ›Theorie *plus* Praxis‹ lauten sollte.

Der Redner **unterstrich.** Hatte er einen Bleistift in der Hand?
Der Redner *hob hervor.* Was und mit welcher Hand?
Der Redner *betonte.* Natürlich betonte er. Jeder Redner betont. Aber was betonte er? Der Redner betonte die Wichtigkeit flankierender Maßnahmen für die ungestörte Abwicklung des Exports. Nein, so viele Worte kann man nicht betonen. Er hat *die* und *des* bestimmt nicht betont. Er hat über die Wichtigkeit flankierender Maßnahmen gesprochen, er hat vermutlich derartige Maßnahmen gefordert, er hat sie als wichtig bezeichnet.
Warum ist das Reporterdeutsch so häßlich, so dicht mit Klischeeredensarten gespickt? Warum soviel indirekte, umschriebene Rede? *Wir brauchen flankierende Maßnahmen, sonst ist die ungestörte Abwicklung des Exports gefährdet.* Wie immer dieser Satz sein mag (gegen diesen speziellen wäre nichts einzuwenden), er wurde gesagt. Und die zutode gehetzten ewig gleichen Umschreibungen *unterstrich, betonte, hob hervor* sind typische Beispiele für sprachliche Umweltverschmutzung. Die beste Rede kann auf solche Weise kaputt gemacht werden. Die Leichenrede des Marcus Antonius auf dem Forum Romanum in Shakespeares

›Julius Cäsar‹ würde von heutigen Berichterstattern wiedergegeben werden wie folgt: Der Redner betonte, daß er Cäsar nicht preisen, sondern begraben wolle. Er wies darauf hin, daß das, was Menschen Übles täten, sie überlebe, und hob hervor, daß das Gute mit ihnen zu Grab getragen werde. Er unterstrich, daß es auch mit Cäsar so sein solle. Dann knüpfte er an eine Äußerung des Brutus an, der Cäsar als herrschsüchtig bezeichnet hatte, und führte aus, daß Brutus ein ehrenwerter Mann sei. Auf dem Höhepunkt seiner Darlegungen ging er darauf ein, daß Cäsar ein Mann gewesen sei, forderte die Anwesenden auf, sie mögen alles nur in allem nehmen, und setzte hinzu, daß wir seinesgleichen nicht mehr sehen würden.

*unterwühlen* findet unten statt, ebenso *unterhöhlen.* **unterwandern** aber vollzieht sich zwar gleichfalls heimlich, doch stimmt weder *unter* noch *wandern.*
Wenn böse Feinde sich zu üblem Zweck in gegnerischen Institutionen breitmachen, befinden sie sich nicht unterhalb und sind sie nicht gewandert. Gleiches gilt für *unterlaufen.*
Man unterläuft oder unterwandert, wo eine Unterführung es ermöglicht, eine Straße, eine Autobahn, eine Bahntrasse. Aber Bewegungen solcher Art haben keine Ähnlichkeit mit dem, was Eindringlinge tun, wenn sie eine Organisation von innen her zu zersetzen oder zu durchsetzen beabsichtigen. Wieder *(→ einpendeln)* wird *infiltrieren* gute Dienste in derartigen Fällen leisten.

**Unwörter** gelangen auf vielerlei Wegen in unseren Sprachschatz. Einer der seltsamsten ist wohl die Wiedererweckung des uralten, längst abgelebten *zwo.*
Lange vor der Automatisierung des Telephons wurde verfügt, daß man bei der Nennung von Telephonnummern *einsundzwanzig* und *zwoundzwanzig* etcetera zu sagen habe, auf daß *einund-* nicht mit *neunund-*, *zweiund-* nicht mit *dreiund-* verwechselt werde. Das Telephonfräulein ist vergangen, *einsund-* ist selten zu hören, *zwo* aber blüht über den telephonischen Wirkungskreis hinaus. Und das tut weh. Vor vielen Jahren hörte ich einen (sogar einen sehr gebildeten) Minister in einer Festrede von Shakespeares *Richard dem Zwoten* sprechen. Ebenso arg sind die neckischen Kosenamen zweier Monate: *Juno* und *Julei.* Daß ein Monat nach der Gemahlin des Jupiter heißt, mag hingehen. Die perverse hochsommerliche Verbindung von Weihnachten (Jul) und Ostern (Ei) sollte aber aus unserem akustischen Kalendarium verschwinden!

# V

Der große Karl **Valentin** pflegte jeden, der ihn als *Walentin* anredete, zu belehren: Sie sagen ja auch nicht *Water*, sondern *Fater*.
So weit, so gut. Die Aussprache der Familiennamen ist Ermessenssache.
Aber wo ist jenseits der Namen die Grenze zwischen *v* wie *w* und *v* wie *f*? Wir sagen nicht *Filla, Fasall, Fakuum, Fision, fulgär...*
... und hiermit habe ich einen Anlauf genommen, um festzustellen, was mir nicht leicht fällt, da auch ich mich mühsam durchringen mußte, den Vers *Wers* und nicht *Fers* zu nennen. Das Wort kommt aus dem Lateinischen wie *Version* und *Perversion*; was ihnen recht ist, muß auch ihm billig sein.

Der Kanzler verabschiedete den Präsidenten auf dem Flugplatz. Kann denn ein Kanzler einen Präsidenten **verabschieden**? Nein, das kann nur die Bundesversammlung.
Wenn man Abschied nimmt, *verabschiedet man sich*; nur wenn man den Abschied gibt, *verabschiedet man* ohne *sich*. *Der britische Premierminister verabschiedete den Ersten Sekretär der KPdSU.* Schön wär's – aber es ist leider nur unrichtig.

**Verdichtungen**, wie ich sie im Folgenden anprangere, bedeuten nicht, daß Dichter sich verdichtet haben. Sie hängen überhaupt nicht mit *Dichtungen* zusammen – im Gegenteil: *Verdichtungen* sind auf unnatürliche Weise entstandene Ergebnisse, Kombinationen guter Wörter zu üblen Gebilden, Wortbastarde gleichsam.
*besonders* ist gut, *insbesondere* ist gut. *insbesonders* ist nicht gut.
*mindestens* ist gut, *zumindest* ist gut. *zumindestens* ist nicht gut.
*für richtig halten* ist gut, *richtig finden* ist gut. *für richtig finden* ist nicht gut.
*Raffinement* ist gut, *Finesse* ist gut. *Raffinesse* ist schrecklich.
Die vier erwähnten Bastarde sind ihrer Herkunft nach erklärbar.
Nicht so *maßgeblich*. Der gute Vater ist *maßgebend*. Wieso er sich aber mit *angeblich* eingelassen hat ... hier liegt eine *maß*-alliance vor.

*ich fühle mich verpflichtet* ist gut, *ich halte mich für verpflichtet* ist gut. *ich fühle mich für verpflichtet* ist nicht gut.
Wer das hier liest, wird nicht glauben, wie oft er das schon gehört hat.
Und, ob Sie mir's glauben oder nicht: ich höre sogar recht oft *meines Wissens nach.*

**Verhaltensweise** ist stark im Vordringen. Man sollte sie zurückdrängen. Es wäre nicht schade um sie. Sie ist entbehrlich.
Sie macht *Verhalten* um sechs Buchstaben länger als nötig. Sie ist ein fatales, ein flaues, flaches Wort ohne Saft, besonders im Plural, welcher meist anzutreffen ist. Man probiere, wo von den *Verhaltensweisen* die Rede ist, den Singular aus, und er wird passen. Und selbst wenn er paßt, probiere man *Verhalten,* und es wird noch besser passen.
*Weise* erscheint mir in dieser Zusammensetzung recht lendenlahm, wo es nicht einem Nathan oder einer entsprechend klugen und abgeklärten Dame oder einer Melodie gilt, sondern *Manier, Methode, Weg* bezeichnen soll. Nicht umsonst tritt diese *Weise* gern in Kompanie auf, weil sie sich allein etwas schwach fühlt: als *Art und Weise.*
Man wehre ihrem Vordringen, man dämme sie ein!

**verkraften** ist schwer zu ertragen. Da bewältige ich noch eher *bewältigen.*
*verkraften* gehört zu der besonderen Spezies von jungen Wörtern, welche besondere Leistungen rühmen. Mich stört *ver.* Diese Vorsilbe legt negative Assoziationen nahe. Wenn man sagt, man habe eine Aufgabe, ein Pensum, eine Anstrengung *verkraftet,* klingt das, als hätte man etwas dagegen unternommen, es klingt geringschätzig, abwertend, wie *verwursten, verschrotten,* wie wenn man leger sagt *verarzten, verpflastern,* es klingt auch nach ungewolltem Versagen, wie wenn man sagt *Wir haben uns verplaudert, Wir haben uns verrechnet.*
Man wird *mit* dem, was zu leisten ist, *fertig werden,* auch ohne daß man *verkraften* dazu braucht *(→ erarbeiten).*

*Das ist eine verteufelte Sache!* rief er und meinte damit, daß der Teufel bei dieser Sache die Hand im Spiel habe. Also war es kein Dritter, der den Teufel und die Sache in Beziehung zueinander gebracht hatte, sondern: der Teufel war die Ursache, die Sache war sein Objekt.
Wenn aber im modischen Sprachgebrauch von **verteufeln** die

Rede ist, will man damit sagen, daß jemand oder etwas als teuflisch bezeichnet wird ... ich *verteufle* das epische Theater oder die Aktionen der Studenten ... und das sage nicht ich, das sagen die Freunde des epischen Theaters und der aktionistischen Studenten, wenn ich sage *Ich bin dagegen,* wenn ich Einwände äußere, Bedenken anmelde oder gar wage, mich satirisch zu äußern, und das bedeutet noch lange nicht, daß ich den Teufel ins Spiel bringe, daß ich Menschen als Teufel bezeichnet habe. Sogar wenn ich *teuflisch* sage, meine ich damit nicht unbedingt und direkt den bösen Feind, nicht einmal einen bösen Gegner. Ich bezeichne ja auch Schuhe, die mich drücken, oder Wolkenbrüche als *teuflisch.* Aber ich weiß mich vom Vergehen des *verteufelns* frei, das täte den Schuhen und den Wassermassen, den Theaterleuten und Studenten und wem immer zuviel Ehre an; ich verteufle nicht einmal den Stalin.
*verteufeln* im Mund des angeblich verteufelten Objekts ist also demagogisch und unterschiebt jenem, der da angeblich verteufelt, Absichten und Methoden weit über das Tatsächliche hinaus. Diktatoren *verteufeln* ihre Gegner, unter anderem auch insofern, als sie ihnen jene *verteufelnden* Methoden nachsagen, deren sie sich zu bedienen pflegen.

Wenn ich jemanden nicht verprügle, *verunprügle* ich ihn nicht.
Wenn ich etwas nicht verhehle, *verunhehle* ich es nicht.
Allerdings: wenn ich *verunreinige,* mache ich jemanden oder etwas, der (das) rein war, unrein.
Aber, aufgepaßt, ich *verunreinige jemanden, etwas,* zum Beispiel: den Nachbarn bei Tisch durch die Sauce, das Tischtuch.
So kann ich auch nur **verunsichern,** wo ich auch *versichern* kann: *jemanden, etwas*!
Ich *versichere jemanden, etwas* aber nur, indem ich als Versicherungsgesellschaft einen Vertrag schließe, um unter bestimmten Voraussetzungen Ersatz bei Einbrüchen, Feuer oder anderem Schaden zu leisten.
*Verunsichern, jemanden* oder *etwas verunsichern,* könnte also nur bedeuten, daß ich keinen solchen Vertrag schließe. Als Gegensatz von *jemandem versichern,* im Sinn von *beteuern,* kommt *verunsichern* nicht in Betracht.
Ich weiß: ich habe Sie jetzt *unsicher gemacht,* ich habe *Unsicherheit verbreitet, Verwirrung gestiftet,* ich habe vieles in dieser Art begangen, aber *verunsichert,* glauben Sie mir, *verunsichert* habe ich Sie nicht.

Denn wenn ich jemanden nicht verurteile, *verunurteile* ich ihn nicht.
Wenn ich jemanden nicht verzärtele, *verunzärtele* ich ihn nicht.
Wenn ich etwas nicht verberge, *verunberge* ich es nicht. Wenn ich jemanden oder etwas nicht verrate, *verunrate* ich ihn oder es nicht.
Und wenn ich jemanden oder etwas nicht sicher mache, *verunsichere* ich ihn oder es ebensowenig wie ich ihn oder es *sicher unmache;* ich *mache ihn oder es unsicher*!

**vorantreiben** ist kein Fachausdruck aus der Welt des Motors, also nicht das Gegenteil von *rückantreiben.*
*vorantreiben* kann der Hirt den Leithammel, aber in diesem Zusammenhang wird das Wort heute eher selten gebraucht.
*vorantreiben* im Sinn von *beschleunigen, steigern, intensivieren* mißfällt mir persönlich wegen des *voran,* wie mir *herantragen* wegen des *heran* mißfällt.
*vorantreiben* wird gern von Rednern gebraucht, die stolz darauf sind, daß sie über dieses gepflegte und neuartig klingende Wort verfügen und sich nicht mit zweitrangigen Wörtern wie etwa *steigern* begnügen müssen.

# W

Die **Wettersprache** ärgert mich noch häufiger als die Wettervorhersage; denn die Vorhersage stimmt wenigstens manchmal.
Es existiert sowieso nur ein sehr begrenzter Stamm ständig wiederkehrender Fachausdrücke aus der Wetterologie. Warum setzen sich die Propheten nicht mit Deutschkönnenden zusammen und einigen sich auf besseres Wetterdeutsch?
Warum hat das nordatlantische Hoch eine geringere oder stärkere *Wetterwirksamkeit*? Wäre *Wirksamkeit* nicht ausreichend? Wir wissen ja, daß es sich nicht um Publikumswirksamkeit oder Werbewirksamkeit handelt. Warum die ewigen Winde aus *uneinheitlichen Richtungen?* Wem sind die *verschiedenen Richtungen* zu unelegant? Und die *auffrischenden Winde*, wen oder was frischen sie auf?
Auf dem ehrwürdigen Barometer ist das Wetter *veränderlich*, warum ist heute das morgige Wetter *wechselhaft. Wechselhaft* klingt für mich wie die Bezeichnung einer Gefängnisstrafe wegen Wechselfälschung.
Warum *Niederschlagstätigkeit* und nicht *Niederschläge*, warum *ergiebig* und nicht *reichlich*?
Mit der Mangelhaftigkeit der Prognosen muß man sich auch im Zeitalter der Satelliten abfinden; mit ihrer mangelhaften Form mag ich mich nicht abfinden.

Als der eigenwillige Musikwissenschaftler Schenker einem Buch den Titel ›Wollen und Wirken‹ gegeben hatte, sagte einer meiner Freunde, das sei wohl ein Werk über Fragen der Textilbranche.
Vielleicht ist dieser Scherz dran schuld, daß ich das **Wirkfeld** nicht ganz ernstnehmen kann. Es erinnert mich an die etwas altmodischen Termini *Wirkwaren* und *Strumpfwirker.*
Und wenn sich *Feld* auch längst jenseits der Landwirtschaft das sprachliche Bürgerrecht erworben hat: ich höre *Wirkfeld* und sehe vor mir eine Fläche im Freien und auf ihr eine Menge von Arbeitskräften, die mittels altmodischer Vorrichtungen Gewebe herstellen.
Vielleicht geht es Ihnen künftig wie mir und Sie machen einen Bogen um das hochtrabende *Wirkfeld.*

**Worte**, Worte, nichts als Worte...aber doch immerhin Worte. Eine der edelsten Unterscheidungen unserer Sprache scheidet die *Worte* von den *Wörtern*.
*Worte* stehen in einem sinnträchtigen Zusammenhang. Er muß nicht grammatikalisch sein. Auch *Glaube, Liebe, Hoffnung* sind Worte. *aus, außer, bei, binnen, entgegen, gegenüber*... Präpositionen, *Vorwörter*, welche den Dativ verlangen ... sie, aneinandergereiht, sind Wörter.
Poesie vereinigt *Worte*, konkrete Poesie gelegentlich nur *Wörter*.
*Du gemeiner Kerl, du schamloser Verbrecher, du schamloser Intrigant!* das sind Schimpfworte.
*Affe, Esel, Galgenvogel, Halunke, Grünschnabel, Frechdachs* sind antiquierte Schimpfwörter.
Die Einzahl ist beidemale *Wort*. Das Wort wird mit dem Wort zu Wörtern oder Worten vereinigt.
Wäre das Buch der klugen Mechtilde Lichnowsky ›Worte über Wörter‹ bekannter, hätte ich mir zwar nicht dieses Wörterbuch, wohl aber die Worte über *Worte* sparen können.

**Wörter, die um eine Nummer zu groß sind** (eine kleine Musterkollektion):
*Ansonsten?* Warum nicht *sonst*?
*Zweifelsohne?* Warum nicht *gewiß, sicherlich*?
*Zwischenzeitlich?* Warum nicht *inzwischen* (wenn man weiß, wie lange es dauert) oder *einstweilen* (wenn man nicht weiß, wie lange es dauert)?
*Zwischenstaatlich?* Warum nicht *international*?
*Im Rahmen?* Warum nicht *innerhalb* oder *während*?
*Mitnichten?* Warum nicht *nicht*?
*Rückläufig?* Warum nicht *sinkend, abnehmend*?
*Bislang?* Warum nicht *bisher*?
*Essentiell?* Warum nicht *entscheidend, wichtig, wesentlich* (*→ relevant*)?
*Unterschwellig?* Warum nicht *unbemerkt, unmerklich, unbewußt*?
*Optimal?* Warum nicht *der, die, das beste*?

Ich **würde sagen**, daß ich nicht *ich würde sagen* sagen würde, wenn nicht eine Bedingung, eine Möglichkeit, ein *wenn* vorliegt. *Was würden Sie sagen, wenn man Ihnen den Professorentitel verleihen wollte? – Ich würde sagen: Danke, nein!* Da stimmt *Ich würde sagen*.

# Z

Alle Wege führen nach Rom, ohne daß man sie deshalb *romführende* Wege nennt.
Nikotinmißbrauch führt zu Gefäßstörungen, ist aber kein *gefäßstörungführender* Suchtgiftmißbrauch.
Der Kastellan führt die Besucher, er führt nicht *zu* den Besuchern, er ist ein Besucher führender Angestellter. Und der Fluß führt nicht an das Hochwasser, er führt Hochwasser, er ist ein Hochwasser führender Fluß.
**zielführend** ist mir also suspekt, denn da wird nicht, wie sonst bei *führen,* jemand oder etwas geführt, da wird nicht Ziel, sondern zu dem Ziel, ans Ziel geführt. Aber man muß ja froh sein, daß uns die Wortpräger in ihrem unbändigen Schaffensdrang nur *zielführend* und (noch) nicht *zielkonform* und *zielspezifisch* beschert haben.
Wenn ich die Wahl zwischen *zielführend* und *effizient* habe, entscheide ich mich für mein Lieblingswort *wirksam* oder für *erfolgreich* oder *erfolgversprechend.*

**ziemlich** (Adjektiv): schicklich, wohlerzogen, was sich ziemt. Mit den Händen essen, ist nicht ziemlich.
*ziemlich* (Adverb): einigermaßen, halbwegs. Ich bin ziemlich müde. Der Weg ist ziemlich weit.
Aber nie: eine *ziemliche* Zeit war vergangen, eine *ziemliche* Anzahl von Fehlern ... denn das hieße: eine *schickliche* Zeit, eine *schickliche* Anzahl.

**Ziffern** sind Zeichen für Zahlen. (Welch wagnerianisches Wortweben!)
Ziffern, römische zum Beispiel oder arabische, sind, wie Buchstaben, Mittel des Drucks und der Schrift. Selbst da werden sie gelegentlich zu reichlich verwendet. Man wird ein Datum gewiß nicht als *siebenter Februar siebzehnhundertachtundsechzig* wiedergeben, man wird die Jahreszahl gewiß fast immer in Ziffern drucken und schreiben, außer in Wendungen wie *Achtundvierzigerjahr,* man wird auch größere Beträge der Übersichtlichkeit halber nicht als *zwei Millionen dreihundertfünfundsiebzigtausendsiebenhundertneunundachtzig* ausschreiben.

Eine simple Stellungnahme oder Aussage aber, die man derzeit so oft – und das ist wieder einmal ein krasser und gewiß ein überflüssiger Anglizismus – mit *Ich würde sagen* (oder *Ich möchte sagen*) einleiten hört, bedarf der Notbrücke nicht. Wer nicht Mut und Kraft genug aufbringt, das, was er meint, ohne Anlauf zu sagen, der sage in Gottes Namen vorher *Ich meine* oder *Ich finde*.

Andererseits aber wird man sich vor der in letzter Zeit grassierenden Unsitte zu hüten haben, die uns *die 12 Apostel, die 9 Musen, die 4 Temperamente* zumutet. Solche Ziffern sind ebenso häßlich und unangebracht wie gewisse Abkürzungen *(→ Abkü)* zum Beispiel *z. B.* statt *zum Beispiel* beziehungsweise *bzw.* statt *beziehungsweise.* Ausnahmen sind Aktenzeichen, Paragraphen, Auto-, Hausnummern, die gleichsam protokollarisch fixierten Titel *Dr. Prof., Ing.,* aber nur in Verbindung mit dem Namen. Man wird also nicht schreiben *Sind Sie Dr., Herr Prof.?* Man wird vor allem, wenn die Könige in den Geschichtsbüchern auch be-ziffert sind, in der direkten Rede, die aufgeschrieben ist, keinem Leser etwa zumuten *Ich fragte ihn: Welchen Richard spielen Sie, den II. oder den III.?* und auch nicht *Er sagte: Heute ist der 7. März.* Niemand kann *der 7.* sagen.
Meine Maxime: Im Zweifel vor Ziffern zögern. Die Buchstaben haben es sowieso schwer *(→ Kleinschreibung)*; bedrängen wir sie nicht auch noch durch zusätzliche Ziffern-Zumutungen!
In einer herrlichen Humoreske von Egon Erwin Kisch schreibt ein kleiner Kaufmann Heines ›Lorelei‹ ab und schreibt dabei, daß die Wellen am Ende *Schiffer & Kahn* verschlingen. Ein ähnlicher Einbruch des Kaufmännischen in die Welt der aufgezeichneten Sprache wäre es, wenn man vom *3. Akt des 2. Teils des Faust* lesenmüßte, auch wenn man im zwanzigsten Jahrhundert schon mit achtzehn großjährig wird.

Schreckliche Zeiten stehen uns bevor. Grauenhafte Zustände nähern sich uns. Und sie werden noch schrecklicher, noch grauenhafter, wenn sie uns nicht bevorstehen und sich uns nicht nähern, sondern auf uns **zukommen**.
Verzichten wir auf *zukommen,* die schrecklichen Zeiten und grauenhaften Zustände werden wenigstens von einem überflüssigen, allzu gängigen Klischee befreit sein.

Zumutungen unterscheiden sich von Zutraulichkeiten, das weiß heute schon jedes Kind.
Daß und wodurch sich aber **zumuten** von *zutrauen* unterscheidet, wissen nur einige Leser der Schriften von Karl Kraus, dem ich diese (und manche andere hier weitergegebene) Erkenntnis danke.
*Zumutung* ist ein unbilliges Ansinnen, etwa die Aufforderung des Erpressers, ein Lösegeld zu bezahlen.

*Das lasse ich mir nicht zumuten!* rufe ich empört, wenn jemand Unzulässiges von mir verlangt.
*zutrauen* aber drückt kein Verlangen, sondern eine Mutmaßung aus. Wenn ich jemandem zutraue, daß er tapfer ist, verlange ich es nicht von ihm, ich nehme es nur an.

**zum Zug** kommen die Freunde und Verwandten, die mich abholen, gelegentlich auch Gepäckträger *(→ zum Tragen kommen)*, zum Zug kommen Mühle-, Dame-, Mensch-ärgere-dich-nicht-, Schach- und andere Brettspieler.
Alle anderen kämen besser nicht *zum Zug* und auch nicht *zum Zuge*, wenn sie drankommen oder an der Reihe sind.

Der **Zusammensetzungs**-Schimmel hat Licht- und Schattenseiten.
*zweckentfremdet* zum Beispiel verwende ich gelegentlich, nicht übermäßig oft, um die Inflationsrate nicht mutwillig zu erhöhen, aber immerhin dann und wann. Man kann natürlich auch sagen *dem Zweck entfremdet, seinem Zweck entfremdet*, aber wer hat soviel Zeit übrig?
Manche Wucherungen des Zusammensetzungs-Schimmels sind hingegen schauerlich und schädlich, etwa *sachbezogen, systemimmanent*. Irgendwo scheint sich eine *Liga gegen den Genitiv und den Dativ* konstituiert zu haben. Ihrem rastlosen Wirken verdanken wir nebst vielem anderen das *Demokratieverständnis*, die *Demokratiereform*, die *Konsumorientiertheit*, die *Systemüberwindung* und auch sonst allerlei, was in diesem Buch da und dort als abschreckend registriert ist, also druckspezifische und gesellschaftsbedingte wörterbuchimmanente Sprachmuster des Schreibverhaltens.

Mit dem Plural **Zwänge** hört alles auf.

Ich beendete im August 1973
das Ur-Manuskript dieses Wörterbuches – wie konnte es anders sein?
– am Wörthersee.

## Nachrede

*Eine Kritik, die kurz nach dem Erscheinen der ersten Auflage dieses Wörterbuchs veröffentlicht wurde*

Das Buch institutionalisiert die Prävalenz elitärer Sprachdynamik im Sinn pseudoantitotalitärer Konsumbedingtheit. Das dialektische Bezugssystem marktimmanenten Fehlverhaltens wird auf Grund gesellschaftskonformer Relevanzlosigkeit in spätpluralistisch faschistoide Scheingrammatikkritik umfunktioniert.

Der Produzent des Texts regrediert im Wirkfeld permissiver Modellmuster zur repressiven Statusdiskrepanzenveruneinheitlichung, thematisiert die denkautonome Semantiklosigkeit wertneutraler Formanstöße, klammert die formalisierbaren Strukturen postmanieristischer Bewußtseinskategorien aus und verteufelt die soziopsychischen Dominanzen rereversibler Wortgewohnheiten.

Dabei merkt man auf den ersten Blick, daß er die systemüberwindende Artikulationsrelevanz progressiver Sprechmodelle und die normative Kausalitätsinsuffizienz funktionalistisch desensibilisiert, um seine politbezogenen Reideologisierungslükken zu tabuisieren.

Mit einem Wort: Ein Beitrag zur bewußtseinsstagnierenden Alternativdynamisierung kapitalistoider Destruktionsmechanismen im Sinn reintegrierter formalsyntaktischer Ausformungen informationsverändernder Kommunikativtheoreme.